U0922738

民间纠纷36计调解

常晋虎 著

山西人民出版社
山西出版传媒集团

图书在版编目（CIP）数据

民间纠纷调解36计 / 常晋虎著．—太原：山西人民出版社，2020. 11（2023.6 重印）
ISBN 978-7-203-11562-5

Ⅰ．①民… Ⅱ．①常… Ⅲ．①民事纠纷－调解（诉讼法）－案例－中国 Ⅳ．①D925. 114. 5

中国版本图书馆 CIP 数据核字（2020）第 192158 号

民间纠纷调解36计

著　　者：常晋虎
责任编辑：郭向南
复　　审：武　静
终　　审：来普亮

出 版 者：山西出版传媒集团·山西人民出版社
地　　址：太原市建设南路21号
邮　　编：030012
发行营销：0351－4922220　4955996　4956039　4922127（传真）
天猫官网：https://sxrmcbs.tmall.com　电话：0351－4922159
E — mail：sxskcb@163.com　发行部
sxskcb@126.com　总编室
网　　址：www.sxskcb.com

经 销 者：山西出版传媒集团·山西人民出版社
承 印 厂：山西出版传媒集团·山西新华印业有限公司

开　　本：720mm × 1020mm　1/16
印　　张：13
字　　数：200千字
版　　次：2020年11月　第1版
印　　次：2023年 6 月　第7次印刷
书　　号：ISBN 978-7-203-11562-5
定　　价：48.00元

新调解原理·卷首语

谁也想过得舒心，可生活中总有“烦”从天降。夫妻闹腾，婆媳别扭，邻里纠纷，朋友翻脸……日子别过了，生意别做了，单位别待了，工作别干了？这些矛盾纠纷貌似碎小，却如蚂蚁挠身，实在令人苦楚不堪。细细想来，“皆由心生”，是“心”惹的祸。你想过得好，你想他们也好，就需要调解智慧。那就来吧，和“网红调解专家”一起来聊一聊：

——咋这么多事儿，闹不闹心啊？

——各有主见，都觉得自己对呗。

——那，这到底是一些啥心理啊？

——千奇百怪，也就不过 36 类呗。

——36 类心理？有应对的办法吗？

——有啊，攻略 36，那是全套路。

——挺高大上的，示范案例有吗？

——是接地气！不是高大上。孙子以“不战而屈人之兵”为最高境界。调解攻略也是以心攻心，案例入情入理。调解专家教你分析案情，发现切入点，灵活使用攻略，制胜技巧全有。

——这不就是调解秘笈吗？还是头一回听说。我真想拿到这秘笈，成为调解高手！

——成为高手可不容易。“36 计”一计一味。要用得好，道行深着呢。《孙子兵法》中讲：“味不过五，五味之变，不可胜尝也。”要懂“四知道”，要有“五素质”，还要善用天时、地利、人和“三要素”，才能抵达调解“三境界”之最高境界。

想要成就真正的调解高手，你准备好做“36 计”的“调味大师”了吗？

序

新时代需要新调解。

中国人为美好生活的梦，从未停止过奋斗。特别是随着近几十年经济社会的迅猛发展，各种磕碰出现，而且这一趋势仍将一往无前。涉及社会有《论语》，治国理政有《资治通鉴》，用兵打仗有《孙子兵法》……是时候推出一部为百姓调心解事、为社会化解矛盾的攻略了。

在我国，没有哪个时代的改革像现在这样触及社会体制如此深刻，波及群体利益如此广阔，一片新气象。与之相伴，化解社会矛盾工作被推上社会治理的潮头。随着经济社会改革步入深水区，矛盾纠纷不仅数量和复杂程度呈几何级数增长，内容和性质也不同于既往。应对各类新型矛盾纠纷，仅凭自然传承的调解经验越来越力不从心，迫切需要新调解思维。有一个亟待扭转的常态，就是无数优秀调解员创造了治理社会的调解智慧，但一离开岗位，这些百炼而成的精钢就又没入泥土——这么接地气的智慧浪费不起。实践一再证明，矛盾纠纷的实质在心不在事。它看似是受调解人之间的纷争，其实不过是彼此利益的冲突；利益看似是纷争的标的，其实只是心理的钟摆。如今，民主与平等、公正与法治的理念已深入人心，全民文化素质得以提升，从而聚合成受调解人一侧这一潜在群体的新能量。与之俱来的是，社会调解力也因此面临新挑战。不论应时或倒逼，探索调解方法、寻求调心规律、构建调解新思维的时机都业已成熟。

调解被誉为“东方一枝花”，是华夏民族的骄傲。调心智慧正是“花之蕊”。调解规律以攻略形式表达，可以形成优势调解力，打造社会治理的软实力。区别于传统调解攻略，本书新在以受调解人一侧群体心态为研究对象，赋予调解人新标准：调解三境界、调解三要素、调解四知道、调解五素质等，应对新型矛盾纠纷当事人 36 种心态而生成的 36 个攻略，是源自调解实践的智慧总结，属于调解制胜法宝，每一攻略辅以典型案例，既是攻略应用，又是解读示范。

本书克服简单论事的缺陷，从心理学角度看调解，从心理学深度做调解，揭示矛盾纠纷发生发展、调处化解的基本规律，察看事态演变和调解过程中的心理变化，更重视对人性的探究、性格的分析、场景的应用、细节的处置，以及对当事人心理与社会能量的运用。它源于实践又用于实践，或单用或重组，显示出“提升调解工作质效，节约治理社会成本”的效果。写法上，生动描述与据实说理相结合，文学性与逻辑性兼具；攻略标题浅显易懂，连缀成篇便是全套攻略，熟读成诵，既可对各种代表性心理了然于胸，又是一套攻略组合拳，便于借鉴与应用。

由中央政法委主管的权威杂志《长安》编者评价作者“对调解艺术有深入研究”，名副其实。作者早已是“调解网红”，深受欢迎。其文中呈现的调解规律丰满真实，实际案例生动有趣，读来深惬人心。它解读的是行为里的法律法规，寻找的是言语里的素质教养，表现的是矛盾里的鱼死网破，体会的是纠纷里的锱铢必较，描述的是烦躁里的情绪失控，表达的是不安里的幸福渴求，宣扬的是平日里的传统美德，展示的更是调处中的中国式智慧，于日常生活中找规律，熟悉而新颖。设想人人对调解心理心中有数，能看透矛盾纠纷肌理，是烦心事的明白人、世间百态的清楚人，有庖丁解牛的从容，走在了萌芽前面，何愁不能大事化小、小事化了！

这可谓作者追求之最高价值。

该书既写给调解员，又写给普通百姓，都能看都好用。该书既适合基层调解工作者使用，又适合普通百姓学习，还是政法、综治部门领导和工作者的绝佳工具书；既有助于解决现实问题，又能为防患于未然提供帮助。2021 年入选国家重点工程推荐图书，本次为第 7 次印刷，足以证明其价值和影响力。它深深根植于生活土壤，其抛砖引玉之功不可埋没。

清华大学法学院博士生导师　张建伟

2017.8.10 于清华大学

2022.10.10 补充

目　录

新调解

一、构建新时代调解平衡新机制

“一吼解百纷”的封闭式调解

费孝通先生在《乡土中国》里记录了一起乡村调解的全过程：“差不多每次都由一位很会说话的乡绅开口。他的公式总是把那被调解的双方都骂一顿。‘这简直是丢我们村子里脸的事！你们还不认了错，回家去。’接着教训了一番……这一镇却极有效，双方时常就“和解”了，有时还得罚他们请一次客。”这个几十年前的调解场面自然是真实的，至今踪影时见。它传递了丰富的历史信息：村里头人、见多识广、有爱有威、与受调解人感情融洽，显然这是位善用调解心理的高手。虽说话拍板有些武断，但处理事情干净利索，威权与亲和交融。

这位乡绅所担当的角色在周朝就有了，叫“调人”。之后历朝历代称谓各异，如秦朝的“秩、啬夫、三老”，唐朝的“乡正、里正、村正”等，类似现在的乡村调委会主任，是乡村兼职或者专职干部。“调人”们从事的工作叫法各异，如“劝释”“私休”“调停”等，但都是调解，肩负“民间户婚、田土、斗殴、相争一切小事”的调处，也就是“一地鸡毛”的管理员。事情处理好了是分内的事，处理不好要受知县的斥责，更不必说责任上推。到元明清三朝，调解制度已臻于完善，调解机制不断健全。可见千秋万代，调解都是社会稳定的基石，“法治”极严的秦朝也不懈怠。

乡绅传统文化底蕴至深，应用娴熟。他亮出“给村子里丢脸”的底线来警告，又“惩罚他们请一次客”，当事人深感理亏，遂达成“和解”，皆大欢喜。这就是治国的“和合”精神。历代政权管理者心怀“无诉是求、调处息争”的治国梦，认为四邻亲朋诉讼，不仅是“民风浮薄”的表现，更是管理者的败笔，不可理喻。这使人触摸到社会治理的标准，也看到社会治理对“调人”的倚重。

回顾我国传统调解文化，它是一个完善的封闭机制，与漫长的封建制度史相适应。基本轮廓是：以封建制度和为制度所过滤的传统文化为环境，附以国家管理体制，形成换汤不换药的调解机制，将受调解人层层包围。其优点是，在特定制度和机制下，用威权教化的方式来化解矛盾纠纷，快捷而有效；缺点是，“调人”作为政权维护者合理地代表受调解各方利益，受调解人只要顺从“调人”的道理和决定即可，矛盾纠纷当事人在调解人面前缺乏自我意识。顺应历史，这一机制即将完成使命。

双侧博弈的开放式调解

一则调解故事发生在前些年。牛老汉坚持上访20多年，“拗”到穷困潦倒，被斥为“刁民”，没有谁肯听他顽强坚守己见的理由。某新领导一上任就触霉头。在耐心倾听牛老汉倾诉的20多分钟里，他逐渐震怒，不是因为牛老汉，除了话冲，他句句在理。因这邻居间的些小纠纷，是谁竟让一位农民兄弟“被刁民”了？他忙道歉：“你受委屈了，老哥，你说咋办？”领导深感羞愧，料想会遭到狮子大开口的“惩处”，但却看到对方感激涕零：“20多年了，你是唯一从头到尾听我说心里话的人。有这，随你判啥我都满意！”从头到尾，他得到了尊重，拥有了话语权，所以一切都好说。

这是个好故事，可好故事背后的故事不好，是“一吼生百怨”惹的祸。这不光反映了工作作风堪忧，还反映了调解机制的成长空间。调解机制本身并不剥夺受调人话语权，然而某些封建糟粕贻害犹在。不要说官僚，就是绅士搁到现在，遇到牛老汉也互不适应。他俩都站在历史的拐点上。

不论是绅士、官员或牛老汉，还是调解主体或调解客体，将其分列调解工作“两个侧”，即调解侧和受调解侧，调解格局将焕然一新。调解侧包括调解过程中的组织和主持调解的第三者；受调解侧包括调解所指向的一切对象：人、物、事（几乎全部民事纠纷和部分轻微刑事案件）。作为受调解侧的主导元素——受调解人，不再被“一吼解百纷”。因为从经济到文化经过浴火重生的洗礼，社会价值观和官民关系观已不同于以往。一切潜在受调解人都有对民主与平等的渴望，对公正与法治的追求。其屈从与迷他的气息已不复存在，认知世界、驾驭观点的能力日益增强。这是改革发展的巨大成果。数千年调解侧掌握话语权的历史，以及受调解侧陷入层层重围的困窘，正在瓦解。以牛老汉为代表的一侧不想被左右，要站在自己立场上，依照自己懂得的法律和规则，甚至动用社会关系，使尽浑身解数来捍卫自身利益。这就是来自受调解一侧的挑战。

适应经济发展与文化进步，现行调解机制继承传统惯性，在探索中前行。从延安时期马锡五婚姻调解案到枫桥经验和多元调解机制，为应对日益复杂的社会矛盾积累了源能量。不过再从调解侧和受调解侧视角看，调解展示出另一维空间，即重构调解元素，强化调解侧能力，更重视受调解侧探索，创新构架双侧平衡调解机制，以后的牛老汉们或许会省去许多不应有的痛苦。

受调解侧中，矛盾纠纷看似是受调解人双方的冲突，其实是利益的纷争；利益看似是纷争的标的，其实标的是心理失衡与复位的对决。传统调解突出受调解人的顺从，忽略“受调解人也是人”的平等理念。改革开放追求物质成果，更注重文化与精神成果。看待受调解人一侧的眼光正在与时俱进，这更有益于化解矛盾纠纷。无数成功的和进行中的调解实践，为探索受调解侧文化提供了鲜活案例。同时，从心理学角度看调解，从心理学深度做调解，则为完善新时代调解机制，调适和应用受调解人一侧之个人和社会心理，提供了新可能。

新时代的调解理念和思路有异于过往的历史，与时代要求相匹配。想要“百调不殆”就得“知己知彼”，调解侧与受调解侧也要平等对话。只有在矛盾纠纷、法律法规、风土人情、宗教信仰、人格尊严、情理是非等多层面经过交锋，甚至综合性格、情绪、年龄和事发现场状况等多因素，调解两侧才能找到心理平衡点。由此或许会酝酿出调解新格局，应对风险挑战，既提升调解工作效率，又降低调解社会成本，两全其美。牛老汉有幸碰上了经验丰富的新领导，同频共鸣，20 多年恩怨 20 多分钟内不调而解。这种令牛老汉庆幸的好事，我们深信不久会成为常态。

因为，历史从来没有停止发展。

二、调解三境界

调心而解者，谓之上。
调事而解者，谓之中。
调之累怨者，谓之下。

解读：

调心而解者，谓之上。兵法上讲“不战而屈人之兵，善之善者也”。上善的调解是未调而解，是通过对矛盾纠纷当事人做思想工作，讲相关道理，使其主动放弃钻牛角尖，在心理上“弃甲丢兵”，从而实现和解。在市场经济条件下生存压力极大，其矛盾纠纷多是利益纠纷、情感纠纷、利益情感混合的纠纷。导致矛盾纠纷产生或调而不解的根本原因中，一般是心理因素在起决定作用。为其说明了基本道理，查找到症结并表达为其办事的诚意，提出合适的解决办法，没有人不愿意早一点从令人心烦的矛盾纠纷里摆脱出来，恢复好的心情，走上正常的生活与工作轨道，赶紧做应该做的事情。这就要求调解员练就一身出色的调解本领，积累丰富的社会经验。当事人从一接触调解员起，就从心理上产生一种被征服的感觉，相信调解员的人品，佩服调解员的本事，按照其所提供的思路主动配合解决问题。此方为“善之善者”。最好的调解就是有魅力、讲谋略、得人心，使矛盾纠纷当事人心甘情愿顺着调解思路走，心甘情愿放弃纠缠，轻轻松松解决问题。这一阶段的调解员，往往具有年龄大、社会阅历丰富、一线调解经验丰富、善于总结归纳的特点，简单讲就是脑子清楚。他们通常是那些在当地有较高威望的乡贤，压得住茬，坐得住镇，拍得了板，做得了主，在当地人中口碑极好，是众人向往的和谐风向标。

调心而解者，因名而功。

调事而解者，谓之中。矛盾纠纷不仅纷杂，而且多变。在实际的矛盾纠纷调解工作中，许多事情不是想象中那么简单，是一堆鸡毛蒜皮，很复杂。主要不是什么大事，而是纠缠在事情中，对事情发展起着推波助澜作用的怨恨、想法，甚至毫无根据的推测或者捏造，任其裹挟其中，势必愈搅愈浑。因此，化解矛盾纠纷，务必找到事实根据、共性准则，也就是以事实为根据，以法律、法规为准绳，以民俗、情感等其他要素为杠杆寻求化解支点。在调解过程中，要绕过情感、情绪的陷阱，反复探究事实本身，从事实本身及其发展过程中，寻求足以说服当事人的证据和关键点，打动人心、动摇顽念。同时，要有反复穿梭于当事人之间的本事，采用必要的工作技巧和调解手段，让事实和道理自己张嘴来说服人。这样的调解，由于调解攻略、对矛盾纠纷的认识、当事人的心态，还有人与人之间的情感距离、空间距离、信息来源等各方面因素的作用，融会贯通不够，智慧发挥不足，容易导致一些矛盾纠纷，在短时间里难以解决，或者虽然解决了也费九牛二虎之力。更多的矛盾纠纷集中在这个层面上。这个阶段对认识和化解矛盾纠纷的事务有感知，但多体现为经验不是很丰富，还不能将类似的矛盾纠纷发生、发展及解决的规律统揽于胸，只是凭着工作经验，凭感性和兴趣来做事情，是优秀的敬业者。这个阶段，或许自感游刃有余，但迫切需要深入思考，上升到一个理性层面，方可炉火纯青地化解矛盾纠纷，树立被人仰望的威信。由调解矛盾纠纷到矛盾纠纷自行化解的这一转化，是调解精神的升华，也是每一位优秀调解员必经的成长之路。

调事而解者，因功而名。

调之累怨者，谓之下。经过调处，矛盾纠纷不仅没有得到化解，反而使当事人怨愤四起，矛盾越积越深，纠纷越调解越多，当事人甚至对调解员产生不信任。这就是常见的由小到大、由简到繁、由易到难的倒调逆解，是调解失败的表现。失败的调解具有这样的特征：调解员对矛盾纠纷的来龙去脉了解不深不透，把脉不清不准，在一手资料掌握不是很透彻的情况下，匆忙介入；对矛盾纠纷分析不明晰，切入点找得不准；可以缓解或者说服当事人的人际关系使用不到位，不能做通陷入死角的当事人的思想工作，使之回头，打动不了人心。有的调解员存心不公，有偏袒一方的想法或者做法，导致矛盾纠纷在原有的基础上进一步加深。当然也有当事人出于对自身利益的考虑，甚至贪财，有意混淆是非，不能使调解走上正轨。调解员缺乏法律法规常识、调解经验不足、态度恶劣、工作不认真，导致受调人对其调解能力的怀疑或轻视，也是造成调解失败的重要原因。当然，新老调解员衔接常有不足，一些基层优秀的调解员年龄偏大或者已经退出调解一线，年轻基层干部和调解员一时还不能胜任，造成青黄不接或者衔接不紧的断代现象，没有形成一个完善的传帮带机制。年轻人没有老者的持重和睿智，多一些急躁，考虑不到当事人文化水平低、社会阅历少、缺乏法律法规基本常识的现状，缺乏解决问题的经验和耐心，甚至死板使用法律法规，而忽略相关因素，本想要高效率化解矛盾纠纷，反而使调解在外围陷入困顿，进入不了实质阶段。还有些年轻基层干部，对化解矛盾纠纷的基层工作没有高度重视，意识不到看似简单的矛盾纠纷的巨大危害，没有把老百姓的难事琐事小事当回事儿，令其渐渐“坐大”，导致调解卡壳甚至恶化，结果就成一回事儿了。

调之累怨者，当勤修德艺。

调解三境界，是一个追求不懈、永无止境的境界，是静态的里程碑，又是动态的风向标。它随着调解实践的增加而提升，随着调解经验的积累而丰富，随着调解教训的反思而精到，随着调解情感的恒久而纯青。

三、调解三要素

天时
地利
人和

解读：

天时，谓之火候。矛盾纠纷发展过程中的度，俗称火候。度，是一个变化着的感觉程度，源于调解员对矛盾纠纷中人、事和环境等综合因素的考量和把控能力，以及对机遇的捕捉能力，是一个客观考虑的主观结果。考虑综合因素时，又必须精准知道从哪一件事做起，从哪一句话说起，才可以对矛盾纠纷起到遏制和化解作用。由于调解员感悟力和分析力不一样，基于调解中矛盾纠纷之不同度来开展调解工作，往往造成不同的调解效果。度把控得好，则能造成步步为赢的局面，让好事刁蛮的当事人低头认错，让一时糊涂的当事人醍醐灌顶，让旁边敲鼓的当事人偃旗息鼓；捕捉和把控得不好，则使矛盾纠纷朝不好甚至相反的方向发展，就是把事情办砸了，矛盾纠纷愈演愈烈，不可收拾。如何把握火候？局面未得到控制的时候不能调；当事方人员杂乱的时候不能调；基本的相关法律法规常识没有被理解的时候不能调；当事人情绪过分激动有愤怒和暴烈行为的时候不能调；双方利益诉求相差太远、难以找到利益平衡点的时候不能调。好的火候正如车闸制约车身，使矛盾纠纷戛然而止，又如油门掌控速度，促进矛盾纠纷得到解决。即，使纷杂的矛盾纠纷纹理显得清晰可见、豁然开朗，使当事人对事情处理的结果觉得顺情顺理没有意见，使调解员感到棘手的矛盾纠纷被轻而易举地调解。当然，优秀调解员总能在不同的阶段，使用相应优势因素，塑造不同的度，变被动为主动，化等待为出击，巧妙切入调解，显得游刃有余。此谓天时。

地利，谓之环境。即在什么地方展开调解工作更合适。矛盾纠纷是有感情、情绪和欲望的当事人，因为目标、期望值和理解力不同而造成的，同时又深受环境的影响，在不同的环境里会有不同的表现，或敞开心扉，或封闭心灵，或胡言乱语，或钻牛角尖，或克制自己，或情绪爆发。环境包括事发现场、避开公众干扰的场所、公众场所等。调解环境大致分两类，第一类是事发现场。事发现场容易使当事人触景生情，有正负两种心理效果。距离事发时间太近，事件中彼此伤害过大，悲惨的回忆会使当事人情绪失控，反而容易挑起新事端，不能调；肢体冲突较小，已经时过境迁，矛盾双方经过冷静思考重回现场，当时的情景则有助于分析和寻找细节，理清思路，激发其后悔和反思，则可以调。第二类是开展调解的公共场所。公共场所又分为封闭公共场所和开放公共场所，如社区调委会、司法部门调解办公室等属于封闭公共场所，封闭公共场所具有专业性和权威性。在封闭场所里，根据调解需要，当事人和相关证人在场可以调，工作人员（包括调解员）在场可调，其他闲杂人员在场不可以调。开放的公共场所具有公开性，有助于提高公平度，可以发挥其宣传功能，可以调；扩大矛盾纠纷事态，使当事人易怒，矛盾激化，就不能发挥其公开功能，不可以调。原因简单、道理简单的矛盾纠纷，比如子女对老人的赡养、老人对子女的教育抚养类矛盾纠纷，在开放公共场所，可以调；事关个人隐私，错综复杂，或者当事人不愿意外道的，在开放公共场所不能调。

地利既可以等待，可以寻求，可以选择，也可以调整。环境与事态进展情况相关，与当事人社会关系相关，与调解目标相关。合适则地利，不合适则地不利。在调解员看来，最利于调解的环境就是地利。

人和，谓之关系。矛盾纠纷表面上看是某种利益的纠结，是因为事情本身的错综复杂，其实质是人际关系的冲突纠缠，最终由人际关系所左右，由某些个人的想法所控制。因此调解员表面的最终目标和工作中的最终目标具有因果关系。这就形成三方关系，即矛盾纠纷当事人双方和调解人三方之间的关系。当事人、调解人可能是人，也可能是集体或单位。“人和”

和“人不和”之势，是矛盾纠纷发生之时就存在的，并随着矛盾纠纷的发展而影响到社会关系的变化，最终影响矛盾纠纷的走向。调解员就是要在这三方关系里，创造和应用和谐的人际关系。然而，对于调解员来讲，矛盾纠纷当事人所涉及的人际关系是一把双刃剑。根据矛盾纠纷的性质和进展情况，及时地有选择地使用人际关系，打好人际关系组合拳，则有助于化解矛盾纠纷。至亲关系就是血缘关系，可以帮助抑制当事人不良的想法，可以致和；跟双方都要好的朋友处于中间位置，是当事人之间的纽带，可以拉近双方之间的情感距离，可以致和；德高望重者是当事人双方共同敬仰和尊重的精神榜样，可以致和；代表一定共性认知的载体，有良好习惯和高尚道德的村民与左邻右舍，也可以致和。还有一种第三方力量，也是化解矛盾纠纷的重要力量。这个第三方力量，指政府和调解机构之外的私人力量。有些当事人不愿意扩大矛盾纠纷的知情面，经常会主动经过双方协商，找到某一个有影响力的个人来调和矛盾，化解纠纷。第三方力量高度看重双方对自己的信任，他会为双方利益考虑，不偏不倚，居于中正，可以致和。

天时可以等待和营造，地利可以选择和调适，人和可以发掘和整合。以上三要素，有一方面不能及时利用，面临机会而犹豫不决，调解工作就可能受阻，就可能造成调解困难，甚至失败。有经验的调解员总是怀着积极的态度，从全局看问题，从过程盯细节，懂得从哪里下手才能稳局扭势、安抚全局，从哪里做起可以解开死结、直通或迂回到目标，做哪些事情才能引导当事人朝预定方向发展，推进矛盾纠纷逐步得到解决。

天时、地利、人和，调解三要素，在变化中识别，在跟踪中捕捉，在调解中塑造，在实战中组合，长期揣摩历练，定然熟能生巧、遇事从容。

四、调解四知道

知道法律法规
知道两种心理
知道民俗民情
知道事情原委

解读：

知道法律法规。法律法规是做好调解工作的基础和依据，失去法律法规的支撑，开展调解没有思路，化解纠纷没有依据，工作自然没有落脚点。然而法律法规千千万，要想精通并非易事。调解员要根据工作的需要，熟悉与经常从事的工作相关的基本法律法规。只有如数家珍，调解过程中才能融会贯通，随手拈来，为我所用，支撑自己在法律轨道上展开调解，保证调解顺利展开，调解难题不折不扣，调解结果公平公正。了解法律法规的途径很多，不仅要从书本上学，对理论框架和法律条款做到心里有数，这是基础中的基础；还应该从以往的成功案例里学，体悟其中这样处置而不那样处置的奥妙；更要从化解矛盾纠纷的实践中学，总结其中的经验和教训，同类的法律法规在不同案例中是如何使用的，不同的法律法规在相同的案例中是如何使用的，融通活用的点到底在哪里，里面大有学问。同时要注意，城市和农村矛盾纠纷不一样，家庭和社会矛盾纠纷不一样，合同纠纷和打架斗殴不一样，群体和个人矛盾纠纷不一样，工作范围和对象决定调解员钻研法律法规的目标和方向，应用法律法规的方式和方法。调解员不必是法学家，不必是律师，但要有法学家的思路、律师的素质、社会管理者的本事，能够巧妙化解矛盾纠纷，特别是要有紧跟形势、服务社会的政治敏锐性。

知道两种心理。即社会心理和个性心理。社会心理犹如社会风气、服饰时尚，并没有经过人为的规定和要求，而是一种潜在约定，但它掌控着社会绝大多数人的心态，调整着人与人之间的关系，引导着社会风气，是社会人普遍心态的反映，又是人们不自觉遵从的社会行为准则。社会心理主要表现为人与人、人与群体之间的关系。在现实社会情境下，特别是个人利益受到推崇，而相关的道德准则没有确立、法律精神还没有深入人心的时期，人们之间发生矛盾纠纷，利益经常被推到至上地位，这种心态在社会上往往占据主导地位，表现为斤斤计较、锱铢不让，日常生活里情感淡化，矛盾冲突时六亲不认。这是一个基本规律，矛盾纠纷当事人或多或少表现出这样或者那样的征兆，这就是切入点。同时，当事人个性心理表现出多样性。人的个性差异是永恒的，因此才有矛盾纠纷。面对同一个矛盾纠纷，由于背景不同造成成长过程不同、生活环境不同造成利益需求不同、工作环境不同造成处事风格不同，最终每个当事人对矛盾纠纷起因的认识和对调解的期望，各有不同。社会共性心理决定了基本的调处思路，矛盾纠纷当事人个性心理特征则决定了具体的处理方式。要巧妙运用，趋利避害，顺其思路，顺势应时，方有助于化解矛盾纠纷。

知道民俗民情。民俗民情作为一种社会规范，是在漫长的历史中逐渐形成的，既有一以贯之的特性，又随着时代变迁不断发生变化，是渗入老百姓骨髓里的东西，是一种约定俗成。它不似法律法规那样有条有理，而是潜藏在人的心里，是一种文化基因。民俗民情对某个范围人们的行为有非自觉约束性。其中虽然有一些糟粕，但更有优秀成分有待挖掘和应用，在开启民智、教化民风、弘扬道德、主张正义、鞭挞丑恶、平衡心态、平息事端等方面发挥着不可替代的作用。比如邻里不睦，但遇到红白大事，都能不计前嫌，倾力相帮，邻里间的纠纷积怨随之消除。这就是“逢事和事”说法的来处。虽然之前可能争吵得死去活来，但是在红白喜事这些大事上含糊不得。要么自行觉悟，要么受到邻居亲朋规劝，遵从这一原则处理事务，这就是不自觉地化解矛盾纠纷。这叫识大体，懂事理。再如亲情一直在社会观念中占据至高无上的地位。尊老爱幼，“天之经也，地之义也，民之行也”，不管怎样执拗的人都会认同。在调解矛盾纠纷时，民间长期流传的谚语、俗语也可以加强说话的分量，可以增强调解语言的感染力，是劝诫他人的法宝，对衔接当事人之间的情感、理清事情之间的逻辑关系、化解矛盾纠纷、提高调处率有积极作用。同时要注意，针对不同民俗民情下成长起来的当事人，有的话语和做法务必回避，以防激化矛盾；符合民俗民情的关怀和安抚，才有助于把当事人引到正确方向上。

知道事情原委。事情原委就是矛盾纠纷的过程，就是来龙与去脉，调解人要从中体察当事人的动机与所作所为之间的因果关系，并由此评估、预计要克服的困难，理解要解决的当事人的心理问题，决定如何开展工作，清楚从哪里做起效果更好，从哪层社会关系切入更好，做到心中有数。知道事情原委是解决矛盾纠纷的基本条件。一要仔细调查研究，把握事实，摸清矛盾纠纷当事人的“真情实意”，修复矛盾纠纷发展链条，完善矛盾纠纷化解依据。当事人强烈要求某一目标的原因是什么？其远因及其背景又是什么？是利益之争引起心理不平衡，还是心理不平衡引起利益之争？二要善于逻辑推理。有很多矛盾纠纷当事人在调解过程中，有意或无意忽略一些对自己不利的因素。偏听则暗，兼听则明。依靠已听来和调研到的证据还远远不够，更需要理性思维。调解员要通过对事情发展轨迹的分析以及事实的佐证，对矛盾纠纷当事人的合理或者不合理说法和要求，进行符合事实和生活实际的逻辑推理。知道事情原委的另一个要点是寻求那些按照常理应当存在却不够明晰或者缺乏的事实细节，敏锐捕捉意想不到或者期待已久的线索或亮点。这些细节可能是化解矛盾纠纷、说服当事人抑制不合理要求的关键，有四两拨千斤的妙用。事实上，这里所说的细节就是逻辑推理通道遇到梗阻的地方。在调解出现困难时，正确使用这些细节进行合理推理，常常能使调解工作柳暗花明、豁然开朗，或者另辟蹊径、焕然一新，从而找到矛盾纠纷的切入点，以合适的调解攻略调而解之。知道事情原委的重要性即在于此。

知道不是泛泛知晓，是对要素全面考察和具体运用，是通晓其原理而揽于胸，熟于心，拿于手，用于事，成于业，宛如熟练的棋手，捡放随心，布排随意。

五、调解五素质

做事公正
热心好义
任劳任怨
洞明练达
平易近人

解读：

做事公正。公正，要求调解员在调解工作中做到公正、公平、公道。这是调解员的基本职业操守，也是基本原则和工作纪律。调解员要做事公正，在纷扰的矛盾纠纷面前，在经济实力、社会地位、社会关系和德行高下存在差异的当事人面前，是非分明，不偏不倚，谁是谁非不能含糊；能不为关系所累，不为亲情束缚，严格依照法律和政策规定，对矛盾纠纷当事双方做出明晰判断。在世俗的社会里解决世俗问题，调解员还不能沾染世俗的毛病，非常不容易。有了这些毛病你就站不住，调解的结果自然会有偏向，杂私心，嘴上再冠冕堂皇也掩盖不住，当事人可以感觉得到，感觉到的人多了就叫"眼睛雪亮"。那就不是一个合格的调解员，他代表的不是公正，而是权力，更是私权，这样的调解员把调解当作假公济私的工具了，失去做调解员的资格。调解本质讲的就是公正，凭的就是德行，得的就是名声，求的就是平安，做的就是平凡生活里的大事业。也只有讲理讲法讲原则，调解员说话才有底气、有分量，叫人赢得舒气，输得服气，最终才能取信于民。要说调解员的脊梁是什么，那就是公正，有了这个脊梁就能站直，能辨清，能理顺，能解开，不受别人在背后指指点点。也只有这样，事业才能做得长长久久，人前才能活得体体面面，自己才能觉得风风光光。

热心好义。热心就是热心肠，喜欢化解矛盾纠纷这项工作。好义就是见义勇为，能够通过化解矛盾纠纷来伸张正义、平息事态，让别人得到安宁和幸福。热心好义的人从化解矛盾的“鸡毛蒜皮”中找到工作乐趣、生活情趣，在他看来，化解矛盾纠纷是一种兴趣、一种爱好、一种事业、一种人生追求。矛盾纠纷是世界上最令人头疼的事情，什么麻烦的事情都可能与之沾边，什么性格和品行的人都可能是主角，什么难缠的人都可能与你有缘，都是些鸡零狗碎、麻烦满地。熬人、熬心、熬脾气、熬时间。可是这些鸡零狗碎、鸡毛蒜皮往往与老百姓的利益、心情和生活息息相关，与社会安定有关，不解决就不行。这里自然有对有错，有是有非，没有热心，就唯恐避之不及，担心麻烦沾在手上，甩不掉，洗不净；没有好义，分不清是非，理不顺事理，就对矛盾纠纷调解工作缺乏责任心。只有勇于担当，对难以开导的当事人才能有耐心，对当事人才能不灰心，对难以处理的事情才能始终有信心。热心好义的人，在生活和工作中有一股精气神，对调解工作真心，为民解难尽心，调处纠纷细心，坚持工作恒心。热心好义的人，才能做到不辞辛苦，无怨无悔，把细碎烦杂的矛盾纠纷调解工作做得津津有味，自觉把理想信念、人生目标和岗位责任融为一体，在平平淡淡的岗位上踏实工作、敬业奉献，取得实在成绩。他们是老百姓生活里的阳光。

任劳任怨。当调解员是个苦差事，没有不辛苦的，还有苦说不出，因此说任劳任怨，一点儿也不夸张。任劳任怨者体现在“四到位”。第一，“腿到位”。调解工作要求哪里有矛盾纠纷哪里就有调解员的身影，就是正在娶媳妇嫁女儿，盖房子收庄稼，也要撂下手里自家的活儿到场灭火。做调解工作不能坐机关，深入基层、深入现场才能把矛盾纠纷化解掉。很多矛盾纠纷情况复杂，调解员要来回地跑反复地调。不这样来回跑，调解走不到面对面解决的那一步。为一件事情跑断腿，这叫“腿到位”。第二，“心到位”。调解员没有昼夜没有节假日，家里的活可以丢下，群众的烦心事一定要拿下，不厌其烦，念念不忘。与百姓交流沟通，调解的都是人民内部矛盾，化解的都是自己人之间的事，需要掏心掏肺。不摸清真实情况，乱摆官架子，不为其着想，而是为了“搞好临时稳定”，临时压住，不让他们“捣乱”，只会造成矛盾纠纷加剧，或者引向政府，导致新的冲突，把事情越办越坏。因此，除了讲真话、办实事，没有第二法门。为百姓着想，替百姓考虑，这叫“心到位”。第三，“口到位”。调解员还要善于运用法律法规、民俗民情、调解环境、社会关系等要素，千言万语说透一个理儿。调解员道理说对了，气儿理顺了，尊重当事人，当事人才愿意接受其按照法律思维来调解，而不是法律法规用得正确，别人就愿意接受调解。违背当地风俗习惯、风土人情，话说得不中听，再好的道理也可能引起当事人反感。主要的还是要把话说在点子上，让人愿意听，也就是入耳，当事人才听得进去。因此，说话讲智慧讲技巧讲避讳，这是“口到位”。第四，“理到位”。不管调解员如何苦口婆心，千辛万苦，最终要靠道理征服人心，靠公平平衡人心，其他调解技巧都只是辅助工具。矛盾纠纷当事人常常因为是熟人，才有产生矛盾纠纷的条件。他们的关系千丝万缕，所以不管提什么样的调解意见，建议谁让步、谁妥协，为什么要让步，为什么要妥协，都不仅要敢于表达，还要把道理讲透。理讲不透，当事人不买账，不仅问题解决不了，还会导致产生“这个调解员不怎么样”的负面印象，更不要说偏袒这个欺负那个，更会落下不好的名声。四个到位要想真到位没有不辛苦的，哪个不到位，经不起误解和羞辱的考验都不行，这可能需要天分，更需要不离不弃的毅力。

洞明练达。源于“世理洞明皆学问，人性练达即文章”，明白世间事物之间的规律及逻辑关系，如人际关系、伦理关系等，把人的欲望和需求、梦想和追求的本质看得通通达达，对社会百态、市井心态看得透透明明，有“庖丁解牛”的大师眼光和处置本领，这个叫洞明；善于驾驭和运用社会关系来调解矛盾纠纷，游走于矛盾纠纷当事人之间，受到欢迎，把事情处理得圆圆满满，利益纠纷化解了，人际关系和谐了，当地小社会稳定了，叫练达。有这样的对世理和事理的洞明，才能看透矛盾纠纷当事人的心思，就可以着手做矛盾纠纷的“文章”了。同时，人是有智慧的动物，这就使人与人之间关系复杂而微妙，每个人都有自己的做人原则和处事风格，人与人之间的矛盾纠纷受到各种因素的影响而变得复杂。未经历练，不善思考，涉世甚浅，都会被云蒸雾罩的现象障眼遮目。调解员在一定的法律知识基础上，还要有熟稔地洞悉心理的本领，善于使用语言技巧，有寻求调处切入点的慧眼，能巧妙运用当事人之间微妙的社会关系，能精准把脉、妥善处置纷纭多变的矛盾纠纷。

洞明练达是处理事务的智慧，是善于运用各种关系各种因素处理矛盾纠纷的能力，是睿智，不是圆滑和不厚道。

平易近人。平易近人是一种生活态度，一种待人接物的品质，也是一种修养。在调解工作中，它是调解员的必备素质，是通往各类当事人心灵的桥梁，是一种不可抗拒的魅力，是打开调解之门的钥匙。平易近人的人，在日常生活中善解人意、替人着想，与百姓打成一片，不分彼此，彼此信任，能摸透不同层面人群的心态，为处置矛盾纠纷打好坚实基础。这是雄厚的基本功，深厚而有道。平易近人的人，针对其当事人和实际问题，能凭借老道的经验和敏锐的直觉，轻易地找到症状和根源，顺藤摸瓜，拿出符合实际、贴近其真实想法的方案。这样的方案一定不用挖空心思，而是信手拈来。因为了解得透，才看得透，切入点才摸得准，有如老中医闭目把脉，化解矛盾纠纷自然顺风顺水。

调解对象通常是平常人，社会底层的普通人，他们不仅看重调解员的调解能力，更看重调解员的品格和待人方式。具备以诚相待、平易近人的修养，做到以诚相待，态度和蔼可亲，关心群众疾苦，及时与矛盾纠纷当事人沟通感情，能够与他们打成一片，这样的调解员在当事人眼中便是希望，是“自己人”。有什么家事、心事、烦心事，有什么愤怒、不平和诉求，当事人才愿意如实交底。调解员和当事人，以及当事双方才能和谐相处、相互配合，达到化矛盾为平和，化过激为平稳。

“人而无信，不知其可。”平易近人是三方互信的通道，也是当事双方和解的桥梁。调解员和当事人确立互信，当事双方才能跟随调解员的和解思路走下来，自愿达成协议。

五素质，是调解员的外在形象，又是调解员的内在灵魂，还是调解员树立威信和打造魅力的源泉。

攻略 36

攻略1　妙语圆场——谈笑泯恩仇

有个研究心理学的朋友，对各种职业的人的说话方式进行分析，得出一个令人吃惊的结论：辩论家不如推销员！辩论家喜欢强加于人，想证明自己正确别人错误，结果却难被人接受，因为他一直寻找别人的弱点，拿出来当作手榴弹，投掷给别人，必然受到强烈反抗；而推销员则正好相反，经过与顾客辩论，发现顾客的喜好，拿出自己的好意，最后顾客反而接受推销员，推销员大获全胜，业绩斐然。一个唇枪舌剑，一个口吐莲花，这就是智慧的差异。

事实上，调解在一定程度上要的就是嘴上功夫。善打圆场是调解员的一个基本调解能力，会打圆场是智慧饱满的表现，是调剂人际关系的润滑剂。当事人间之所以发生矛盾纠纷，肯定是因为有利益冲突，光讲道理，讲风格，讲法律，往往于事无补。人是一种情感动物，通过幽默的语言来辅助，通常是个捷径。丰富的典故或幽默的生活语言是常用的语言工具。调解伊始，当事人有的情绪激动，有的粗暴蛮横，有的急躁不安，有的绝望无助，有的不懂法律，有的只认死理，这时巧妙的话语对于安抚当事人情绪十分重要。“远亲不如近邻”“冤家宜解不宜结”，这些传统公理对劝导当事人非常容易生效。巧妙的语言更需要临场发挥。如两个平时处得不错的邻居闹矛盾，可以利用其性格特征进行情感连通，使当事双方不好意思，如，“两个弥勒佛碰到一起，就同行成冤家了”，引起双方发笑。“相逢一笑泯恩仇”，会令认死理的当事人打消斗下去的念头，从而缓解尴尬，打破僵局，塑造平和氛围，接下来即可涉足实质性调解了。

“巧言动人心。”巧妙使用语言和道理是智慧，临场巧妙发挥幽默更是智慧。一个优秀调解员，看上去嘴巴很重要，其实脑子里更要有知识，有生活阅历，还要善于动脑筋，不仅要把话说到点子上，还要说得幽默，达到解决问题的目的。不要揪住当事双方的利益不放，在利益上绕来绕去。当事人绕在利益里面出不来，调解员则要巧妙使其从这个旋涡里出来，才能“架桥铺路”。这就是语言的力量。

○案例 1

我家修圈养猪娃　管个你家啥
出个主意打圆场　这事算个啥

案情介绍

村民唐某气喘吁吁地来到镇政府，情绪十分激动，反映邻居郭某不让其修建猪舍，称郭家人气势汹汹，要把他往死里打。镇调解办调解员认真听取了唐某的诉求并做了详细记录，当即向该村支部书记进行电话核实，村支书证明确有其事。了解了大概情况后，调解员给唐某讲解了矛盾纠纷调解的相关程序，并对其提出的各种问题进行详细答复。唐某返回家中，等待调解。第二天，镇、村两级调解员把双方当事人唐、郭召集到村调委办公室进行调解。镇调解员是个能说会道的开朗人，说说笑笑中，办法出来了，两家和解了。

案情分析

唐某和老母亲相依为命，居住在 20 世纪 70 年代修建的老房子里，破旧不堪，而且母亲瘫痪在床已 6 年，生活困难。按说唐某下决心投资养猪改变家庭困境是好事，应该大力支持。但郭家即将受到的污染也是可以预见的。猪舍要是建在郭家屋墙下，不仅夏秋时节臭气熏天，苍蝇满天飞，影响郭家正常生活，而且猪性善拱，天长日久，必然损坏郭家屋墙根基，影响安全。调处有任何偏差，都会使矛盾得不到有效化解。

调解切入

调解员明白了其中缘由，事情闹到这种地步，在于郭某在阻挡唐某时言辞过激，态度蛮横。而唐某则理解为郭某凭家族势力大，以势压人，认为在自家院子修自家猪舍，别人再厉害也管不着，憋着一肚子气。如郭某采取商量的方式会怎么样呢？因此化解这起矛盾纠纷，不在于让不让唐某修猪舍，而是应该怎么修才能两全其美。顺着这个思路，调解员提议唐某把猪舍修到西北角，院后正好废弃的属于集体用地的死角，约 20 平方米；由村委和郭某共同出资再建一个池子，供处理猪粪，作为对郭某动工的补偿。双方同意。

调解攻略

调解员以定心话、风趣话、圆场话、希望话成功促进了案件调解。一开始，当事人情绪不稳定，存在各种情绪，非常不利于调解。调解员用定心话使当事双方感到有解决问题的希望（如“你们就都吃定心丸吧，只要你们双方都愿意调解，肯定能想出好办法”），同时用生动、诙谐的风趣话既调和了气氛，又讲清了道理，使当事人很容易接受建议和方案（如“棍棍棒棒，长长短短哪个没用？左右邻居，不敢这样苛刻”）。然后，为避开矛盾冲突，转移话题，调解员用圆场话，使僵局迅速得以缓和（如“听说你俩平时都是弥勒佛。弥勒佛容天下难容之事呢，怎么两个弥勒佛碰到一起，同行还真是冤家”）。调解接近尾声，一番热情诚挚的希望话在调解员和当事人之间搭起一座感情桥梁，同时也在当事人之间促成一个“看不见”的承诺（如“好马不吃回头草。咱可是纯爷们，有啥通着点”）。

综合评点

随着生活水平的提高，农民对生活条件的要求越来越高。因畜禽养殖引发的环境污染矛盾纠纷成为近年农村新问题。本案中，面对这一矛盾纠纷，调解员及时介入，深入调查研究，提出双方都能接受的处理意见，同时俏皮幽默、充满智慧的语言发挥了巨大作用，给当事双方在情感上和面子上撒上黏合剂，打消了对抗情绪，使他们很自然地接受调解，最终达成协议，使问题得到妥善处理，避免了双方矛盾升级，使老邻居重归和睦，过上平静的日子。

○ 案例 2

借借还还　本因邻居关系好
说说和和　两家感情比钱贵

案情介绍

老李和老卢是一辈子的老邻居，关系处得挺好。老卢不太富裕，有一堆外债。老卢为了缓解家庭困难打算买车跑运输，但自己的钱又不够，只好向好友老李借了1万元，说好三年还清并付给利息300元，还立下了字据。可是五年过去了，老卢买车跑运输不但没挣钱，反而落下了不少债。俗话说，“天有不测风云，人有旦夕祸福”。老卢还没来得及和家人商量还钱事宜就突发心脏病死了。老卢一家老小悲痛欲绝，老李忙前忙后帮老卢家办完丧事，看着老卢生前写的借条，几次把到嘴边索要欠款的话又咽了回去，心想现在要钱对生者不仁，对死者也不义，就等过段时间再说吧。

今年老李的儿子考上大学，许多邻居都前来祝贺，可老李就是高兴不起来，原因是这几年家里虽有点积蓄，但面对高额的学费老李还是无法筹措。第二天，他下了很大决心到老卢家索要借款，还说不要利息了，能拿到本金也好。可没想到的是老卢老伴死不承认有借款这回事。

案情分析

这起纠纷事实清楚，问题的关键是如何解决还钱来源。通过调查来看，卢妻也不是那种不仁不义的恶人。老李儿子考上大学，全村人都奔走相告，这么大的喜事，卢妻也一定高兴。如今正逢雪上加霜，十分尴尬，走投无路，不承认也只是口头上一句话，只要调解员真情实意把问题讲明，想方设法帮助解决，就能顺利调解。

调解切入

调解员得知情况后走访了卢妻，一进门见卢妻卧病在床，还没有从痛苦中缓过劲来，没了老伴真是可怜。调解员见状坐在床沿上细细安慰，卢妻哭着说：“说实话，老李对我们家不错，听说侄子考上大学我也高兴，可现在没钱还人家啊。如果有人帮我把车卖了，再等秋天粮食收了卖上几个钱也许就能还上了。”摸透了当事人真实心思，调解员心里有了主意。

调解攻略

“多年邻居变成亲”，是人们常挂在嘴上的话，可是到具体的人和事上，当事人经常陷于其中，需要指点迷津。调解员指出两个邻居多年来互帮互助的深厚友情，特别是老李对卢家的帮助，深深触动卢妻心灵里最软的地方，使她感受到老李真的是比亲戚还好的好邻居。调解员劝导卢妻：“你有困难我们一起帮，老李一直以来也没有因为老卢没有还钱而闹翻了脸，即便在老卢去世后，老李也忙前忙后替他打理后事，这样的邻居打着灯笼也找不到啊。白事喜事挤在一起，都要解决好才好。邻帮邻，胜亲人，老李是你的亲人，你也是老李的亲人。说句实话，哪个亲人胜过老李？”“打着灯笼也找不下！”“礼尚往来，这么亲的亲人有难，努力解决才合情谊。”卢妻感动落泪。调解员抓住契机出主意想办法。几天后，调解员打听到一个买主，在征得卢妻的同意后，办理了汽车转让和过户手续。老李和卢妻签订还款协议：1. 卢家卖车所得的 6400 元先还给老李，解决孩子的上学问题。2. 等秋收卖粮后再还剩下的部分。老李在拿到卖车的 6400 元之后，不忘帮助老邻居一把，抽出 400 元零头送给卢妻补贴生活。

专家评点

本案例是一起民间借贷纠纷，又是相处多年的好邻居纠纷案，调解不及时，会造成邻里不和，让好了一辈子的邻里关系就此中断，甚至反目成仇。这样的老邻居发生纠纷必有痛点。调解员既考虑老李的利益，又考虑卢妻失去顶梁柱失去经济来源的难处，经过与卢妻沟通，找到处理办法，才化干戈为玉帛，保护了当事人的合法权益，维护了双方珍贵的邻里关系。

攻略 2　给足面子——都有台阶下

面子是中国传统文化的组成部分，老百姓常说：“不蒸馒头蒸（争）口气。”有身份的常说：“君子不吃嗟来之食。”有骨气的常说：“不为五斗米折腰。”有段歌词也说：“为了一点虚荣争个你死我活，一掷千金不皱眉头面不改色，人前人后高高低低比来比去……”“死要面子”，就是说宁愿死，也要捍卫自己的面子。中国人自古以来都很看重面子。矛盾纠纷当事人更是死要面子！其特征是，当事人把真实的想法憋在心里，表面上纠结的和实际想要的不一致，这叫肚子里作祸。

在实际生活中，一种表现为，一方侵害了另一方的利益，本来不是一件什么大不了的事情，但对方不承认事实，给外人一种印象——像我这样的人不会做那种损人利己的事。第二种表现是，侵害方认为自己在本地是个有头有脸的人，就这么一点事，还要赔偿，面子上过不去；或者，把不赔偿不道歉当作一种处理方式，想证明他“牛”。第三种表现为，无意中在某个特殊场合一方说了某些不合适的话，做了一件不合适的事，本没有恶意，但由于双方曾有摩擦，另一方便怀疑对方，或者故意以此为借口制造摩擦。第四种是双方确实发生了经济或口角纠纷，大的方面都能通情达理，但就是在某个小细节上互不谦让，比如一方说话做事不讲究方式方法，另一方因为嫌弃礼数不到便故意不买账。

许多矛盾纠纷当事人并不计较大是大非，相反把不必要的方面当作大是大非斤斤计较。这时，调解员首先要迅速揣摩当事人所思、所想和所做的差异，摸透心思，不被表面现象迷惑。其次把了解到的真实心理通过背靠背的方式一对一说明白理清楚。避开当事人之间的正面交锋，就有充分的时间和空间来周旋，回旋余地就大了。调解员允许当事人发泄，然后好言相劝机智灭火，接着对另一方当事人只传善言。几番沟通，给宽宏大量的一方提出意见和建议，然后营造宽松的面对面环境，使双方在宽松的环境下解怨。一方给足面子还不丢面子，另一方又挽回了面子，矛盾化解自然水到渠成。

○ 案例 3

丢面子跌份子　邻居之间拉下脸
给面子送台阶　互谅互让消疑团

案情介绍

某年正月初，张某在社区单元楼四层楼外架了一个储物架，不承想，这个储物架给小偷架起了台阶。第二年 5 月，小偷顺着储物架爬进同楼同单元的郑某家，盗走郑家 500 余元现金，还有一些日常用品。对一个普通家庭来说，可真是损失不小。两家因此发生矛盾纠纷。调解员多次深入两家进行调解。两家人情绪都比较激动，公说公有理，婆说婆有理，双方谁也不让步。郑某隔三岔五上派出所要求张某赔经济损失，否则要越级上访。

案情分析

这是一起邻里间因被盗引发的纠纷，社区民警多次调解，郑某坚持要张某赔偿，张某放着明白的责任死不承认。特别是张某拒不履行协议，出尔反尔，使矛盾没有从根本上化解。两个邻居由开始的见面不说话演变成互相谩骂、厮打，矛盾越积越深。

调解切入

调解员感觉到事情虽然不大，但里面玄机不少，事态已经比较严重，于是决定启用由派出所民警、民政助理员、社区干部共同参加的联调机制。启用之前在周围邻居中对张某和郑某做了一些了解，得知二人性格要强，虚荣心也比较强。张某觉得不就是安个储物架，如果因为这事拆除很没面子。郑某认为“人活脸树活皮”，储物架搬不走，连自己家都保不住，在世间没脸活了。调解员决定把联调会开成联心调适会。

调解攻略

一是感化法。调解员先后十余次找双方谈话，消除当事人的过激情绪，利用“山不转水转，水不转人转”“山不碰头人碰头”的道理，使当事人从情感上受到启迪，从心灵上得到感化，互相体谅，自觉退让。

二是面子法。这起案件早应了结，但因为双方是邻居，都害怕在左邻右舍面前丢了面子，跌了份子，三年来一直僵持着。调解员用真情实意打动当事人，利用“好人好报、善人善报”“高抬贵手、高风亮节”等，给足面子，使双方借以下台，握手言和。

综合评点

双方是邻居，怕丢面子，僵持不下；双方性格要强，虚假的面子思想把双方架在那里。其实双方当事人自己心里也难受，急于结束矛盾纠纷，却不知道如何体面收场。调解员不厌其烦地给他们说好话，做工作，使之心理上得到补偿。在这场调解中，联调会就像个精心设置的舞台，在这个舞台上双方都找到体面的“台阶”，消除了心中阴影，达成和解。

○ 案例 4

简单执行　不如尝试和解
给足面子　双方一谈就成

案情介绍

胡某在骑摩托车回娘家时，将本村村民侯某的儿子撞伤，因侯某儿子在治疗期间产生的住院费用及其他损失，双方发生纠纷，通过中间人未能达成和解，侯某遂将胡某诉至县法院。法院通过审理，判决由胡某承担全部赔偿责任。胡某坚决不接收判决书。县法院请镇司法所所长一起前往协助送判决书，胡某还是异常反感，抱着“我就是不给你（赔偿），你能把我如何”的态度拒不接收。于是镇司法所所长提出调解，胡某默许。镇司法所所长乘机给侯某打电话，把他所了解到的胡某家庭及其本人情况给侯某做了个交代，侯某同意调解。镇司法所所长又把胡某约到镇司法所，通过耐心细致的工作，胡某同意与侯某和解。

案情分析

本案属于交通事故赔偿纠纷，虽说县法院给了侯某一个公平的判决结果，但司法所所长在送判决书时看到胡某的家庭并不富裕，又是一个身怀六甲的弱女子，存在执行难问题。镇司法所所长出于保护双方利益的考虑，便产生了给他们调解的想法。这个工作思路完全正确。

调解切入

这起调解的切入是十分偶然的。一是镇司法所所长本是陪同县法院给胡某送判决书，是帮忙，但看到胡某是一名弱女子，家庭又很困难，就产生了调解想法。二是从胡某的经济条件上讲，此时提供调解支援是一个息事宁人的好机会。特别是走上法庭是双方争吵的结果，何况侯某也担心胡某硬是不赔，损失反而更大。

调解攻略

1. 拉近心理距离。本案由交通事故引发赔偿纠纷，当时没有人能够拉近其心理距离，镇司法所所长遂主动担当起拉近心距的角色。

2. 当好“和事佬”。镇司法所所长扮演着劝解、说服双方的“和事佬”角色，从法律、情理角度做工作，其合理合情的说法让双方都愿意接受。

3. 说好调解话。镇司法所所长劝侯某的父亲：“如今存在执行难，胡某是一个身怀六甲的弱女子，赊三不如现二，相互让一让。抬头不见低头见，不看僧面看佛面，高抬佛手，不就把事情办了……”在做胡某的工作时所长说：“人家小孩是一个受害者，法院也判决你承担全部责任，你说你没钱，但法院迟早会找你的麻烦，你给赔个不是，再给人家一些赔偿，也就把事情办了……人常说，好话当钱事和美，恶语伤人惹是非。”巧妙的语言把法理、情理融为一体，为双方和解铺平了道路。

综合评点

事情就是这样，通过判决的案子，虽然依法公正，但不一定能妥善执行下去。因为在执行过程中，被执行人方面往往有这样那样的实际问题，导致执行难，甚至执行落空，当然也就达不到息事宁人的目的。双方互不相让，是“爱面子”心理在作祟。本案已经到执行的阶段，而面对执行难的问题，镇司法所所长使用“给面子”调解法，弥补了“依法执行”的欠缺，使双方体体面面，使判决落地开花。

攻略 3　降温处理——好说好商量

矛盾纠纷初发时，当事人过度争吵陷入僵局时，往往非常情绪化、极端化，容易发狠话、做绝事，导致矛盾纠纷十分激烈。在这种情况下，调解人员要临阵不乱，不要被“虚火”蒙蔽，不要急着进入调解程序。急于灭火，急于追求效果，这样的调解容易产生负面效应。调解员不是陷入僵局难以自拔，就是被双方当事人误解。一旦处于尴尬境地，再反客为主就非常难了。此时，要做的事情是根据事态采取策略，正如险境刹车，先稳住局面，不进一步激化情绪和矛盾，就是取得了初步成果。

这种现象往往使人感觉矛盾纠纷好像非常复杂，火药味很重，但这只是表象。有些当事人看起来剑拔弩张，情绪激动，难以把控，谁也不愿意给谁让步，对意见听不进去，其实是一种假象，是一种情绪发泄。这种情况下，由于对事情来龙去脉还不了解，仅凭表象来识别曲直，判断利害，缺乏依据地发表言论，反倒容易“以水浇油”，把好事办成坏事。

合适的办法是先拉架，当好消防员，为当事人灭火。空间距离对心理有深刻影响。将当事双方分开，就能避免发生肢体碰撞，预防“擦枪走火”。局面得到控制，下一步就好办了。接着打个岔，警示当事人这样不是解决问题的办法，而且只能使矛盾纠纷走向激化，火上浇油，问题越来越难解决。智者说话平如水，弱者张口暴如雷。调解员要告诉双方当事人，之所以争吵是因为想解决问题，之所以越来越生气是因为找不到解决问题的办法，从来“愤怒是魔鬼”，“欲速则不达”。通过劝说，把矛盾纠纷先搁一搁，给当事人创造一个冷静思考的机会，打个时间差。有的当事人表面上十分“强硬”，很多情况下只是嘴上功夫，或者一时咽不下这口气，在公众场合不想丢面子。时间是一个奇妙的“魔术师”，能改变当事人的看法和做法，使之向理性并轨，也给调解员进一步了解矛盾纠纷原委、寻求调解攻略提供了充分时间。有经验的调解员都有体会，不少当事人把事情搁置几天，自己就放弃争执，私下里和解了。

这类当事人往往文化水平较低，或者天生性格暴躁，或者比较急躁，容易愤怒和失去理智。调解员要沉着，在气势上压倒对方，犹如烈火遇到大水，令他们感到既有被拿捏的感觉，自觉收敛烈焰，又要有靠得住的期待。

○ 案例 5

快受理　冷处理
看好火候再说理

案情介绍

许某和刘某是蔬菜大棚的邻居，许某因不满刘某在大棚区搞养鸡场，向村委反映了此事，两家关系开始恶化。某日上午，许某与刘某之妻又因此事发生口角，后升级为两家厮打，致许某头部受伤、刘某之父胸部软组织挫伤。许某、刘某均向县法院提起人身损害赔偿诉讼。在审理过程中，双方当事人分歧极大，情绪相当激动，在法庭上恶言相向，矛盾一时难以调和。

案情分析

这起纠纷中并没有现实的利益冲突，主要是双方强烈的情绪对立造成的。许某因预见到未来的利益损失而坚决阻止刘某，刘某认为在自己大棚里养鸡，许某无权管，所以越吵闹矛盾越激烈，情绪越来越激动，对抗越来越强烈。

调解切入

调解法官从中斡旋、沟通，分别找双方当事人谈话，向其释法、论理和规劝，让其懂法明理；向其晓以利害，让其权衡利弊；帮助其克服主观方面的心理障碍，排除对抗情绪，晓之以理，动之以情，让双方当事人都能明白，县法院找其交谈的目的是最大限度地保护其合法权益。经过反反复复、耐心细致的说服，双方达成调解协议：刘某一次性赔偿许某医疗费 2000 元，刘某可以养鸡，但必须把鸡圈起来，不得让鸡在许某棚区乱跑和刨食。双方均放弃其他诉讼请求。

调解攻略

双方对立情绪较大时坚持调解下去，不仅不利于问题的解决，反而容易激化矛盾，此时不宜“快刀斩乱麻”。调解法官可以适时宣布休庭，进行“冷处理”，暂时“搁一搁”“拖一拖”，劝双方当事人冷静下来，少一分情绪用事，多一分理智思考。调解法官掌握好“火候”后再行调处，即可取得良好效果。

对冷处理的案件应注意三点：一是不能以简单询问的方式代替调解。二是不能受当事人的情绪波动影响而意气用事。三是要善于运用时间差给当事人一个冷静思考的空间，以抑制其情绪，使其在理性的思维下接受调解。

综合评点

这是一起普通的调解，却显示了不平凡的调解魅力。一个优秀调解员，不仅需要广博的知识、敏捷的思维、丰富的实践经验和生活阅历，还要掌握调解方法和技巧，才能化干戈为玉帛。本案调解法官灵活运用多种调解方法，特别是运用冷处理技巧，巧妙融化当事人的对立情绪，引导矛盾双方达成一致，赢得双方当事人和周边群众的一致好评。

○ 案例6

一时冲动走极端　小事惹得大祸起
抓住要害放一放　两家坐下达协议

案情介绍

葛某在修建自家二层楼的过程中，与邻居李某发生纠纷，李某以修建二层会影响自己房屋采光为由要求葛某停止修建，多次上工地阻止葛某。葛某见李某硬阻拦，寸步不让，自己房屋修建不成，一气之下，拿起干活用的瓦刀朝自己右手连砍两下，当场将右手小拇指砍为两截，被送往市医院救治。葛某称，如果事情处理不好，还会做出更出格的事情。为防止矛盾进一步激化，镇司法所接到报案后立即召集双方当事人到村委会调解。

案情分析

葛某房屋与李某房屋基本呈平行排列，房屋相距 6.48 米。这种近距离排列，不仅引发了现在的矛盾纠纷，更为两家之后埋下无穷的矛盾隐患。何况葛某将自己的手指砍断，已住院，并扬言要做出更出格的事情，说明葛某现在情绪过激，如果不及时处理，可能会使案件性质发生转化，导致民转刑。

调解切入

两家是“低头不见抬头见”的老邻居，没有说不过去的事情，也不会到这样互不忍让的地步。但从处理这起纠纷的过程看，双方也不是那种不通情达理之人。因此，找到这方面的政策依据，依规依事细细沟通，应该没问题。

调解攻略

采取冷处理的办法。调解员第一天跟双方分别见面，提了些建议，让他们先想一想。第二天耐心地做双方工作，给李某讲解了《××省村镇建筑日照间距技术相关规定》，说道：“如果葛某在规定高度范围内修建房屋，你无权干涉。”对葛某说：“李某不让你修是怕影响他家房屋采光，如果是你也会这样想，遇事要想开点，要尽量去找解决问题的办法，不要因为一时之气就做出格的事情，那只会使自己受到更大伤害。”经过两个多小时的耐心调解，两家终于达成协议，葛某按照国家相关规定修建房屋，双方冰释前嫌，和好如初。

综合评点

这本为农村常见的相邻纠纷案件，但由于一方当事人做出了自残的异常举动，使纠纷具有了特殊性。调解员首先及时介入，稳住当事人的情绪，然后根据相关法律法规，结合情理快速调解，处理效果很好，一件可能民转刑的案件得以圆满化解。可见调解矛盾纠纷，在很多情况下调解员不仅要熟悉与百姓日常生活相关的法律法规和规章制度，还要懂得心理学。坐下来，理讲清，调解工作也不难做。

攻略 4　沟通互信——搭接情义桥

这里所说的沟通是有原则的沟通，是讲情讲义的沟通。调解员善于沟通，巧于沟通，才能化干戈为玉帛。

矛盾纠纷当事人，有的是心理强势，有的是地位强势，更多的是地位强势决定心理强势。虽然很多公司或者个人在社会上处于优势，但处于优势的个人往往有不同特色。当然，这主要取决于当事人个人的道德修养，为人处事之道。特别是这几年中国人慢慢了解了西方文化的不足之后，渐渐回归传统文化。这种情况下，沟通成为更好的解决办法。不会与当事人交流，调解员得到的就只能是一些绕弯子话，甚至假话。当事人这样做，目的在于试探调解员的心理，或者躲避关键的问话，寻找藏尾巴的缝隙。这就是常说的“人心隔着肚皮”，调解员成了当事人的游戏对象。调解员的主要任务是，答疑解惑，提高双方法律意识，使双方都朝着同一个目标和方向靠拢。特别是教育偏离法律轨道、认识发生错误的一方，扭转其思维方式和对问题的看法，或者过激的做法，提示其怎样做才合情合理，有助于解决问题。作为调解员，务必要开诚布公，丝毫不可告人的想法都不允许有。面对双方的不足和缺陷，既要巧妙揭穿某些当事人心里的小九九，还要敢于把问题和不足交底，又要以包容的心态对待对方的过激言行，使之在交流的过程中得到平抚。沟通中，要善于聆听，令当事人感到地位平等；要尊重当地习俗，令当事人感到亲切；要有不厌其烦的毅力，与当事人唠嗑、说家常，用他们熟悉的话，谈当事人熟悉的事、关心的事，才能打通与当事人心灵之间的渠道，否则得到的信息会打折扣；要善于使用亲情、友情等作为辅助手段，发挥“人情社会”的人情正能量；要善于捕捉关键信息，多动脑筋，揣摩当事人言语之外的真实意图，因为许多中国人说话有很强的“写意”风格，你得悟，使劲悟。然后，对从各方面了解到的信息进行加工，有的放矢，展开有效沟通。避免自顾自滔滔不绝，千万不能忙着灌输自己的观点，忽略别人的存在，令当事人讨厌，造成事与愿违的负面效果。

沟通，是调解员通往形形色色当事人心灵的桥梁，是化解矛盾纠纷的利器，也是调解员的基本功。

○ 案例 7

年关回乡没工资　群起闹事端
把好原则巧沟通　互信解疑团

案情介绍

某年 1 月 27 日上午，20 余名外省籍农民工因工资结算问题，将某公司项目部交接班室包围，提出增加工资，并要求项目部负责人姚某出面对工资结算方法进行解释。因未得到满意答复，农民工与值班人员发生口角，滞留至深夜。同时部分农民工外出进行串联鼓动，遂使参与事件的人员激增至近百人。直到次日凌晨 3 时许，少数农民工才散去。10 点左右突然又重新返回，而且人数越来越多。

该公司项目部为保持正常生产秩序，指派调解员介入此事，在安抚广大农民工的同时，侧面了解案件情况，与姚某沟通，建议其出面与民工进行沟通。当日中午 12 时许，姚某出面洽谈，对工资结算问题再次进行了解释，农民工散去。同月 29 日上午，农民工又声称姚某所解释的结算方法有误，继续要求增加工资。至 30 日晚 10 时许已聚集达二百余人，并涌向公司调度室，要求给个说法，此时已严重影响了公司正常办公秩序，形势越来越严峻。调解员通过讲政策、讲形势，把握双方心理需求，做了大量沟通工作。第二天下午，农民工理解了工资结算方法，领到工资，乘坐公司大巴离开矿区，踏上回乡之路。

案情分析

此案的矛盾焦点是农民工对工资支付情况心中没底。主要存在三个问题：一是该公司工资结算方式为按年结算，其间未对记工簿进行公开，致使民工对记工簿的真实性产生了怀疑。二是农民工对项目部的政策，特别是工资结算制度理解不到位，把握不准。三是临近年关，涉案人员均回家心切，不够冷静，特别是农民工还出现串联鼓动的现象，增加了调处难度。

调解切入

本纠纷中，调解员将掘进进尺计算、民工出勤记工作为调解切入的关键。一是与该公司沟通，希望其将掘进进尺计算、出勤记工结果尽快向农民工公开。二是与该公司一道，给农民工讲解工资结算方式，特别对掘进进尺计算、民工出勤记工进行了详细说明。三是对农民工做工作，从企业、个人、家庭方面进行多方面调解，特别对扰乱公共秩序的严重性进行讲解，使农民工们明确自己的需求是尽快领钱回乡，而不是闹出事端。

调解攻略

一是抓准心理安慰人。因事发于年关，双方均急盼回家过年，了结纠纷心情急迫，调解员抓住这一点，多次对农民工提到家人的期盼，有效平复了当事人的情绪。二是对该公司进行威慑。调解员明确告诉该公司项目部，若问题处理不当，一切后果均要由他们承担，希望公司能够积极配合调解员解决问题。三是对农民工运用情感来感染，拉家常，非常自然地拉近与农民工的距离，然后逐渐转入正题。

综合评点

本调解有四点值得肯定，一是处理时间短。该公司特派调解员利用短短 5 天就化解了纠纷，为公司正常安全生产秩序提供了保证。二是政策把握全，特别是合同法、工资结算制度等，为处理案件提供了有力的依据。三是调解亲和力强，赢得双方信任，为更快更好地处理纠纷奠定了感情基础。四是调解纠纷灵活。“原则”是调解的依靠，“灵活”是调解的方法。原则性与灵活性相结合，在安抚民工、帮助民工中得到很好的运用。

○ 案例 8

合理索赔　公司尽心却难尽愿

坐下交心　让让补补日子长远

案情介绍

某年 3 月，林某与某林业公司口头协议承包果树嫁接工作。为保证按时完成任务，该公司安排林某住在山上林场，管吃管住。3 月 29 日林某结束一天紧张的工作早早睡觉，该公司管理人员发现当晚突然降温，给林某端来一盆炭火取暖。没想到第二天早晨，林某因深度煤气中毒昏迷不醒。该公司管理人员发现后呼叫救护车送其到医院抢救，住院一个多月。该公司给林某支付医药费 17 万余元。林某终身残疾，要求公司支付医药费、误工费、护理费等各种费用 189649.12 元。

案情分析

该林业公司已给林某赔偿医药费 17 万余元之多。虽然公司经营困难，也给职工发不了工资，没有赔偿能力，但相比于林某个人而言，公司仍属于强势方。林某已终身残疾，以后的个人生活和家庭生活均成问题，该公司应当给予最大限度的赔偿。

调解切入

根据实际情况合情合理调解，是这次调解的切入口。调解员本着负责的精神对公司经济状况和林某家庭状况做了认真核实。在充分把握事实的基础上，调解员把双方召集到一起共同研究解决方案。调解员按照有关法律政策，明确告诉公司其应尽的责任和应给予的赔偿数目；按公司当时经济状况，告知林某公司最大的给付能力。调解员希望双方面对现实，公司应该尽心，林某的要求也应该合适。双方摆脱对细节的计较，当场表态同意按调解员意见办。

调解攻略

背对背调查了解，面对面沟通调解。调解员本着热心、耐心、细心、公心先后十次做双方工作，并且将调解地点由调解中心转移到林某家中，一方面让该公司派人入户看一看林某残疾程度，再了解林某上有七旬老母下有十岁儿子，一家全靠林某维持生计的状况。另一方面让林某考虑这么大数额合不合适，能不能降一降。通过做林某工作，林某表态由 189649.12 元降到 139857.4 元，并最后表态不得低于 100000 元。在这种情况下，该公司表态，认为林某确实没得到一分钱赔偿，17 万余元全用于支付医药费，表示愧疚，并建议林某到林场做林业技术指导，以帮助林某解决就业问题，并同意给予林某赔偿款 63000 元，以解其燃眉之急。林某非常感动。

综合评点

这是一起典型因工伤残而引发的矛盾纠纷，由于调解员对矛盾双方情况调查细致，调解中又依理、依法，深入实际，采用换位思考的方式进行，使林某体会到公司的困难，公司也尽心竭力帮扶林某。这是和解的基础，又是实现和解的起点。其亮点在于引导双方在困难面前，以善心对待善心，以真诚对待真诚，从而互相理解，达成一致意见。窍通了，桥通了，路也就顺了。

攻略 5　双向揭错——以错来克错

就是因为双方意见不一，磕磕碰碰，唇枪舌剑，斗来斗去，冲突才发生并连绵不断。纠纷就是矛盾双方在一件看似纷杂的事情上绕来绕去，由于诸种原因一时难以解开。双方同时发生问题，或者一个先发生问题，另一方要么还没有发觉，要么不善于回避或者化解，导致火石磕火石，火星四溅，本来简单的事情越闹越复杂，难怪人常说："一个巴掌拍不响。"

生活中，好好的同事、邻居、亲朋之间发生矛盾纠纷，经常是当事双方都有不对的地方。当事双方为了自己的利益，肯定会极力替自己辩护，过分夸大自我而忽略别人，或者一时间还不能从不良情绪里解脱出来，一根筋儿，认住自己的死理儿，完全不顾及对方感受。透过现象看本质，许多情况下，这些都不是当事人日常生活中的真我表现。这种心态有一定的共性：我对他错；我的利益不容侵犯，他的利益不是利益。在非理智的状态下，调解往往无效。

使当事人双方都能认识到自己在这起矛盾纠纷中的过错，如利益要求的过当、方法的欠缺、如此处理对声誉和家庭的负面影响，对于调整双方的思路和情绪十分重要。给予好的提示，是逆向思维的一种巧妙运用，也是任何当事人都愿意接受的。要准确指出对方错误，调解员对矛盾纠纷要有深刻了解，包括它的来龙去脉、它的焦点等。在实践中要有丰富的经验作底气，卡住双方最担心的地方，既指出硬伤，又抓住软肋，一针见血，方向明确，态度坚决，必然令其震撼。坚定指出当事人双方在本起矛盾纠纷中的错误，常有"一掌击醒梦中人"的效果。要迫使其冷静下来，反思自己的不足，改变态度。只要双方都感到自己有所理亏，多有不妥，事情就好办了。不过，谁的错误在先，谁的错误在后；谁责任更多，谁责任更少，不能模模糊糊，而应该讲清楚说明白。法律法规依据，事实责任根据，哪样都有眉有眼、条理清晰，才有利于矛盾纠纷的化解。

孙子讲作战之难，难在“以迂为直，以患为利”。双向揭错的做法，正是迂回调解的路径，把矛盾纠纷当事人不对之处当作有力武器，变害为利，达到调解目的。正确用“错”，以“错”来克错。

○ 案例 9

查症结　双方认错识大体
和为贵　两家言和皆欢喜

案情介绍

某年 9 月下旬，连降大雨，邻居曹某和吕某两家因排水发生纠纷，互不相让，最后发展到曹某直接到镇政府告状。调解员接到报案后，立即赶到现场调查，得知吕某家新盖了三角结构的房子，房檐较宽，一下雨，房上的水一面流到前面的街上，另一面流到邻居曹某房子的后墙根。连续几天的积水，使曹某主屋后墙开始渗水、裂缝。两家协商不成，矛盾加深。

案情分析

调解员让两家找来了宅基地使用证，对照发现两家的面积都没有超限。双方争议的焦点在排水沟。调解员以《民法通则》以及《最高人民法院关于贯彻执行〈中华人民共和国民法通则〉若干问题的意见》中有关相邻关系的法律法规为依据，认为吕某使用曹某的院子排水，曹某应当准许，但吕某应采取适当的保护措施，并认为在这起纠纷案中吕某有过错。

调解切入

使双方认识到自己的错误是关键。吕某认识到自己盖房时没有考虑到排水问题，应对曹某家房屋的损害承担主要赔偿责任，而曹某也认识到自家的房子为土坯房，防渗水功能差，应该及时修补。

调解攻略

一是顺藤摸瓜地调查。调解员在调查取证上有优势，作为本村人，他熟悉群众，群众对他没有抵触心理，有利于就地调查。

二是情理交融地处理。通过入情入理地疏导、劝解，以及有理有据地明确责任的方式，双方当事人意识到自己都有错误：这样的做法只能伤害邻里之间的关系。静下心来想想，也没有什么大不了的，吵来吵去，这邻居还要不要处下去？又怎么处下去？不值得。

综合评点

本起邻里矛盾的处理，紧扣“情”与“理”两个关键字，使纠纷案处理起来比较顺利，也为双方以后继续友好相处铺平通途打好了基础。本调解案的切入点是让双方认识到自身错误，使双方当事人在调解之前在心理上先输一着，同时辅以合适的调解攻略，使双方当事人对调解员心服口服，把调解员当成自己人。所以调解方案一出，即为他们接受，达到以案教育当事人的目的。

○ 案例 10

两邻三方起纠纷　各有对错
深挖过错说不是　彼此和好

案情介绍

某年 7 月，魏某雇邻村建筑队为其盖房，刚垒好根基，就被邻居安某夫妇以房屋地基过高、厕所距自家房屋过近为由阻拦，致使工程停工。半途停工，工程队老板立即让魏某赔偿因误工而遭受的损失，否则便将建筑队撤走。魏某两头受气，窝了一肚子火，要与安某夫妇拼命。一场祸事眼看即将发生。

案情分析

房屋不建不行，建房影响邻居也不行，工程队受损失不喊不叫也不可能。该纠纷案只是沟通不到位而引起的，调解起来说难也难，当事方各有各的道理，各执一词，公说公有理，婆说婆有理；说易也易，都是邻里乡亲，就这点鸡毛小事，也好处理。关键在于三方，特别是当事邻居都应该怀着与人为善的态度，相互退让，解决问题。

调解切入

在本案中，从一个角度看，魏某、安某和工程队三方当事人都有自己的道理，但从另一个角度看，三方当事人又都暴露出自身的缺点。要解决问题，一味“扬长避短”肯定不行，只能“针尖对麦芒”。人最怕揭短，如果能来个反其道行之——“扬短避长”，准确指出三方过错再行调解，当事人一定会锐气大减，一般都能恢复理智，坐下来谈。

调解攻略

村民调主任闻讯赶来及时制止，并明确指出各方过错，使三方冷静下来：魏某家建厕所离安家房屋太近，影响到对方的房屋和环境卫生，显然是错误的；魏家房基加高，是因为院外的路基本身就高，如果其房基低了，路面的水就要倒流到院里，应予以理解。并劝说建筑队负责人：工程受阻，是因为出现纠纷，并非主家有意为之，应以谅解为宜。最后三方达成协议：（1）魏某家建厕所要在离自家院落西墙 1 米处挖便池；（2）魏某建房期间，安某夫妇不得再借故阻拦，否则造成的损失由安某夫妇赔偿；（3）建筑队放弃向魏某索要误工赔偿的要求。三方相安无事，魏家顺利建起房屋，邻里重归于好。

综合评点

采用“剖析过错”法效果很好。人的心理很奇特，不怕吃亏，就怕憋屈，怕气不顺。因为调解员出于公心，因为他说了公道话，因为划分责任有道理，符合他们的目标，甚至把他们原来糊涂的地方讲清楚了，如醍醐灌顶，所以尽管当事人都受到批评，但人人都认同。在此基础上，调解员根据双方过错、经济承受能力等因素进行调解，纠纷随之化解。西方有句话叫“一石击三鸟”，选好石头，选准目标，调解工作也能达到这一良好效果。

攻略6　出谋支招——扮好诸葛亮

矛盾纠纷化解的过程就是纠正当事人不正确认识的过程。没有人想陷入纠纷中，使自己的正常生活遭受干扰。矛盾纠纷中，当事人态度决绝，甚至当事人和调解员之间还发生冲突，往往是当事人深陷其中、调解员束手无策的结果。原因当然不仅如此，还有更多因素需要思考。

一是矛盾纠纷当事人对相关法律法规不了解或者不够了解。法律法规对普通百姓而言是一个陌生的领域，是非常专业的一门学问；再加上矛盾纠纷本身在有些方面具有很大的模糊性，导致矛盾纠纷陷入胶着状态。二是当事人为了各自利益，在界限不清的地方容易争执，使矛盾纠纷复杂化。为了最大限度地维护自身利益，无限度夸大自己的优势，甚至把对方说得一无是处。不管怎样，当事人有一个共同心愿，即完成调解。可能是调解员深陷在细节中，一时理不出头绪，抓不住根本，找不到切入点，使调解迟迟走不上正轨。

无论原因有多少，都反映出一个问题，就是找不到矛盾纠纷的具体化解办法。解脱不出来，谁都痛苦。因此，出谋支招，经常是矛盾纠纷当事人急切盼望的，有时候是一方迫切期盼，更多的是双方都期待。利益如何分割？双方纠结在哪里？双方的“深仇大恨”是什么？是背靠背为他们出主意？还是面对面一起想办法？调解员要凭借丰富的工作经验，熟悉当地风土人情，针对实际情况，与当事人坐下来，寻求突破口，寻求合适的解决思路和做法。谁退谁让，退让多少，利益如何切割，才能最大限度减少伤害，让双方心理上都能过得去。这些都需要周密思考，巧妙运作，才能让当事人豁然开朗，欣然接受意见和建议。

调解中，双方当事人通常会真诚与调解员探讨，怀着感恩与调解员交流。就看调解员看问题的眼光，分析问题的思路，解决问题的办法。调解员要出谋支招，使当事人在化解矛盾纠纷中担当主动角色。

○ 案例 11

子亡又招婿 媳妇女婿竟双亡
难事巧安排 三方亲家坐下来

案情介绍

邵某是上门女婿。田某前夫杨某意外死亡，因为有两个儿子，田某没有再出嫁，经人介绍招邵某为夫。2011 年 5 月 8 日下午，邵某与其妻田某在家中打架，情绪失控，操起菜刀，致使妻子血管被砍断，因流血过多而死亡，邵某也随之服毒自杀。一对 30 多岁的年轻夫妇悲惨地死在家中，两个儿子都不在家，大儿子在读初三，二儿子辍学在外打工，家中的两位老人一直生活在外地。安葬死者和安排两个孩子的生活便成了当务之急。镇综治办主任、派出所所长、村支书组成调解组，对此案展开调解。

案情分析

对杨家二老而言，亲儿子已经死了，现在的儿子和儿媳都不是亲生的，他们会不会承担安葬义务，还是一个问号。对邵某来讲，两个儿子都是妻子前夫的，没有一个亲生骨肉。邵妻是和前夫埋在一块还是和邵某埋在一块，亲戚和村民又众说纷纭。两个小孩以后靠谁来管？怎样管？大家都在关注。这些问题一定要安排合理合俗，让家家顺意顺气。

调解切入

此次调解最大特点是依情依理、尊重中国传统丧葬民俗。中国百姓最大的优点是通情达理。面对这起充满悲剧色彩的矛盾纠纷，运用传统文化中的既有要素，并结合当事人家庭实际，依理依法合理调解，问题便可解决。

调解攻略

调解组通知三方代表一起到场，并劝告死者相关亲朋，不必过多追究死者的责任，要将心比心，尽快解决问题，使死者得到安葬。两天来，调解组吃住在村里，动之以情，晓之以理，达成如下协议：杨家二老承担全部安葬费用。邵某的棺材、衣服也由杨家筹备，邵某由邵家拉回本村安葬，田某和前夫埋在一起。5 月 10 日，邵某和田某的尸体得到妥善安葬。

次日，调解组再次将杨家二老和田某家人召集在一起商讨两个孩子的生活问题。由于杨家二老生活在外地，两个孙子生活在农村，再加上两个老人都已年过七旬，抚养起来有诸多不便。孩子外公外婆尽管在本村，但不愿抚养。调解组给杨家二老做思想工作，并帮助其解决有关困难。最后确定：（1）两个孩子由杨家二老照管。（2）邵某的小麦、芦笋、退耕还林、小麦直补款等收入归杨家二老所有，杨家二老负责偿还安葬债务。（3）邵某生前的借款一律延后。（4）田某家人从邵某家拉回自己的水管、桐木板、犁、油桶等用具，以前借给邵某的数千元不再追要，并帮助照顾两个孩子。

专家评点

这起纠纷案至少有如下启发，一是夫妻吵架尽管是小事、是家务事，如果不及时介入调解，也可能酿成大祸。二是悲剧发生后，老人和孩子面临的困难非常大，不管有多大的困难和麻烦，只要及时关心、巧妙处理，没有战胜不了的困难、协调不成的事情，正所谓“困难总比办法多”。三是化解纠纷工作无小事。老百姓的事情再小都要认真对待、认真解决。

○ 案例 12

弟弟盖房哥哥阻拦　同室操戈图啥
仔细了解提出方案　兄弟解开疙瘩

案情介绍

老兄弟二人都已年近花甲，共同居住在其祖上遗留下来的一个大院里。某年的春天，弟弟为了给儿子娶媳妇，对东窑进行改建，要在该窑洞前加盖封闭式走廊，这样就使院子陡然变窄。哥哥认为弟弟给其带来了不便，其一，院子变窄，其居住的西窑采光也受到影响；其二，改建后的排水会汇集到院子的西部，严重影响其正常居住及出行。于是哥哥出面制止，兄弟二人发生纠纷。为此，兄弟二人纠集各自的家人准备打群架。老兄弟二人的两个儿子一个专程从外地赶回，一个是放下工作，准备大干一仗。双方相持数日，矛盾不断升级，改建停工，双方子女不能上班上学，村民调主任多次出面调解均无结果。雨季即将到来，哥哥害怕下大雨淹了其居住的西窑，跑到乡政府，要求司法所出面帮助解决。

案情分析

虽然兄弟之间没有不可调和的矛盾，但还是要找到符合双方利益的最佳方案才能妥善解决问题。自古“家丑不可外扬”，这亲兄弟之间动刀动枪，要发生“群体性斗殴事件”，可是要惹人笑话。

调解切入

同父同母老兄弟闹矛盾纠纷，子女参与，亲情自然是最好的调解切入口。老兄弟几十年同住一院，堂兄弟一样从小玩到大，本是一家人，有啥解决不了的深仇大恨。“血浓于水”，有了这一条，只要老兄弟俩能坐下来，堂兄弟不敢有别的想法，事情就好商量了。

调解攻略

一是承诺调解，提前了解原委。先劝哥哥回家等待，并郑重承诺：马上派人到现场解决问题。老人一走，调解员首先拨通了村民调主任的电话，向其了解具体的案情，并询问了前几次未调解成功的原因。一是深入现场实地查看，找方案。调解员立即驱车前往该村，找到村民调主任到现场调解。调解员仔细查看了房前屋后的具体情况，然后分头找兄弟二人谈话，采用唠家常和讲法律相结合的方式，对兄弟二人说服教育，帮助其解开心中疙瘩，引导其畅所欲言，讲出心里话。然后调解员与民调主任商量解决问题的办法，分析了具体问题，制定出一个更合理的调解方案。随后再次现场调解，经过 3 个小时的劝解，哥哥做出让步，同意弟弟盖房，弟弟则同意将改建后的东窑的排水以及整个院子里的排水进行改造，兄弟双方达成协议，由村民调主任负责监督落实。一场即将升级为打群架的矛盾纠纷得到化解。

综合评点

法治观念的增强标志着农村建设进入一个崭新的阶段。这个“情退法进”的过程，也是情、法、理、利逐步由分割走向融合的过程。这一过程中邻里纠纷和亲朋纠纷将会越来越多，要求法律工作者务必加大力度，把更多的精力放在农村，更好地服务于农村建设新形势。

攻略 7　舆论施压——舌上千重山

生活在社会中的每一个人，都像爱护眼珠子一样在乎别人对自己的印象和评价。这个人口碑好了，那个人口碑不好，这就是一般人眼里的社会舆论。社会舆论，分正面舆论和负面舆论，是一定范围内的多数人通过言语、非言语形式对某个人或事公开表达的态度、意见和情绪。这个“多数人”，可以是一个村落里的，也可以是一个单位里的，甚至更大群体里的，和当事人一定是有着千丝万缕的社会关系。

“道德”是由“道”与“德”合成。所谓“道”，是事物规律。“德”是人们在生活、工作中表现出来的言语和行为。日常生活中，对人产生强大影响力的舆论多是道德评价，也就是村落或单位以及其他社会群体对某人在道德上的认知和评价。

随着全球经济一体化加快，近年来，东西方思想观念迅速交融。以重视个人价值与存在为核心的个人主义倾向逐渐盛行，对儒家思想与传统道德形成巨大冲击，彼此在年轻一代人的脑海里不断碰撞和融合，甚至造成混乱。

舆论具有监督和导向作用，特别是对处于舆论中心的个人有强烈的心理暗示力量，某些情况下甚至超越了法律，有法律不可替代的作用。当一个人表现出来的道德行为违背了多数人认知的道德标准，就会遭到批评，他就会在这个群体里感到不自在甚至有被遗弃感。运用传统道德中有益的成分，通过对处于舆论中心的个人行为进行褒贬，可以起到道德矫正作用，促其改变不符合人伦道德、社会常理的言和行，沿着社会公共准则和法治方向提升自己。

社会舆论看似无形却重过千斤，有润物细无声的神力。借用这一神力化解家庭矛盾纠纷、调解邻里冲突、处理经济纠纷，是调解员必不可少的手段。

○ 案例 13

责任不公　子女不赡老母
公堂亮相　个个悔泪涟涟

案情介绍

侯某早年从外省逃荒嫁来某村，共生育过九个子女，已有三个子女亡故，现有一女五子在世，均在本村生活。侯某年事已高，丧失劳动能力，又无其他收入来源，六名子女常因赡养母亲发生争执，导致长期无人过问老母生活。无奈之下村委会承担了侯某的生活费用。某年 3 月，侯某感觉胸部疼痛，无法忍受，于是给几个子女提出看病的要求，但几个子女都不愿意为老人支付医疗费用。村委会多次调解，均未能彻底解决。因为其子女对老母生活费用及医疗开支相互扯皮，故村委会委托律师代表老母将几名子女诉至法院，要求其依法承担赡养义务，支付医疗费用。

案情分析

法院走访了当事人的亲朋邻居，听取了村干部对矛盾纠纷来龙去脉的介绍，把握了案件基本情况，了解到子女们虽然相互扯皮，但从内心讲也都不愿被邻里指责为不孝。他们指责其他赡养人的过错就是最好的证明。法院认为到村里现场公开开庭审理更有教育意义。

调解切入

孝文化在中国根深蒂固，尊敬老人既是传统美德，又是做人的底线，任谁也不想在世上落个不孝的骂名。法院把握子女们都不愿意落骂名的心态，借其不尽孝还反咬一口的虚荣心，在该村贴出开庭公告，让子女们在大庭广众下逐一表态，为调解奠定基础。村民几乎全部参加了旁听，对子女们形成舆论压力，迫其转变想法，当众悔改。

调解攻略

一是正面引导感化六个子女。审判长从中华民族的优良传统到现在新农村和谐社会的构建，从公序良俗的维护到羊羔跪乳、乌鸦反哺的自然规律，从法律入手，以亲情感化，对几个子女进行教育，最后，子女们当庭向母亲道歉，表示愿意尽赡养义务。二是借助淳朴民风营造舆论氛围，造成压力。庭审结束后，村民议论纷纷，直言不讳，指责几名子女不孝，长辈及部分村民们也好言相劝，希望他们能好好对待母亲。并建议法院，如果他们再不悔改，请求依法处理。老母亲回忆年轻时拖儿带女的艰辛时，子女们痛哭失声，说自己为了一点点利益，忘记母亲的养育之恩，太不应该了。

综合评点

这是一起有效的子女赡养老母纠纷调解案例。法院从法律入手，指明子女赡养老母亲是法定义务，同时从孝文化和亲情角度指明子女应该如何去做。说教的缺陷在于受教者容易过耳即忘。因此，法院把开庭审理的地点设在当事人所在村，乡里乡亲对当事人都比较了解。这一巧妙安排，不仅教育了当事人，更教育了一村百姓，可谓调一儆百，是一幕生动的道德教育情景剧。

○ 案例 14

赵某老来病缠身　母子四人生纠纷
舆论亲情弥隔阂　合理分工各尽心

案情介绍

赵某系某单位退休职工，生了 3 个儿子，丈夫去世多年。某年，赵某查出患多腔性脑梗、腰椎间盘突出等疾病，10 年后发展为脑梗死，生活不能自理，曾分别与 3 个儿子共同生活，其中与老大共同生活两年，与老三共同生活至今近五年，由于老二在外地工作，赵某与其共同生活时间为两个半月，但老二承担了赵某看病医保之外的绝大部分费用。10 年以来，赵某未发生外债，诉请法院判决老大支付整 7 年生活费共计 12000 元，之后每月支付赡养费 200 元；老二支付这 7 年生活费共计 41250 元，之后每月支付赡养费 500 元。

案情分析

赵某家庭关系较为疏远，三兄弟间又多年积怨。虽然三兄弟分别以不同方式不同程度地履行赡养义务，但由于难以互谅互让，不能达成协议。老大随叫随到，帮助母亲处理具体困难；成长经历的原因使老二与母亲联系较少，关心不够；老三与母亲共同生活，经常陪伴。随着病情加重和开销增大，赵某除了需要三个儿子增加赡养费用之外，日益需要生活上的关心和照顾，满足其年老、体弱、多病的特殊需要。三个儿子中，老大无固定工作，收入微薄，经济状况较差；老二自营苗圃，较老大、老三有更强的经济负担能力；老三与母亲共同生活时间较长，操心费力，付出较多，且赵母表明要与老三长期共同生活。如能弥合母子间隔阂，在财力、物力、人力方面做有效分工，母亲赡养问题应能得到解决。

调解切入

一是指导三个儿子准确把握赡养的含义，子女对父母只有全面履行了经济供养、生活照料和精神慰藉，并照顾到父母的特殊需要，才算履行了赡养义务。二是唤醒其血浓于水的亲情。调解员深入三子家中结合各自实际情况，做入情入理的分析，提出开源、节流的方案，如因老大无固定工作，可通过提供劳务节约保姆费用。赵母不必改变和老三生活的现状。

调解攻略

一是感情接近法。调解员通过朴实的语言、真诚的态度，与当事人建立起信任的桥梁。二是巧借外力法。一方面借助社区对当事人及其家庭进行思想疏导，另一方面也借助舆论压力，让赵某明白她自己也应主动协调、平衡好三个儿子的关系，对其不足应当给予宽容与谅解，也让三个儿子认识到他们在对母亲生活上的关心照顾、精神上的慰藉以及一些特殊需求上做得的确远远不够，三子矛盾会对母亲造成精神上的伤害。三是“背靠背、面对面”法。最初采用“面对面”法效果欠佳，后改用各方约谈的方式，当面详细剖析了矛盾产生的深层原因，并进行疏导，后待时机成熟，组织了“面对面”调解，三子握手言和。

综合评点

家庭矛盾纠纷宜调不宜判，似乎是默认的公理。简单判决固然容易，但往往会造成当事人裂痕加深，法理清楚了，情理没有了，似乎远离了法律的善意。在赡养老人方面，子女推诿、财产矛盾、兄弟不睦导致的纠纷时有发生。亲人之间一有矛盾纠纷，就判得彼此伤心，总不是好事。处理这类矛盾纠纷宜慎之又慎。

攻略 8　依德约束——迷途亮红灯

人生在世，两道底线不能突破，一个是法律底线，这是国家规定的最低界限；另一个是道德底线，这是社会约定俗成的规范。许多矛盾纠纷或源于触犯法律，或源于违背道德。

中华传统美德底蕴深厚，渗入每一个中华儿女的骨髓，恰如架设在调解员和双方当事人三者之间心与心沟通的桥梁，容易促成三方共鸣。只是有些人把市场观念应用到仕途、亲情友情、左邻右舍领域，导致德与行错位。调解员担当着以活生生的案例引导和教育当事人、影响更多人的责任，而且责任重大。

优秀调解员言传身教，正如一杆旗。做人要仁，当调解员表现出对当事人关怀、仁慈和同情的时候，经常会发生极其快速的回馈。处事讲义，讲义则一身正气，处事公道，调解方案不偏不倚，老百姓赢也服输也服，心服口服。待人以礼。人常说“人熟礼不熟”，“礼多人不怪”。在矛盾纠纷这些老百姓看来很“大”的事情面前，讲究礼节容易获得尊重。三方相互尊重，为调解员处理纷杂矛盾省去无数麻烦。

熟悉的周边好事例更能打动人心。和谐的亲朋关系不胜枚举，当事人也殷殷向往。这样的人事业蒸蒸日上，这样的家庭其乐融融。通常同等地位，同样环境，不同的做人做事方式，导致不同的生存状况，只要点到穴位，很容易震撼人心。人常说，人比人急死人，把事情摆在一起，往往能使当事人心生愧疚，自责自省。优秀调解员经常会把这些不起眼的小事看在眼里，记在心里，用到点子上。

作为一种情感动物，人容易被环境影响，所以，营造氛围是一门艺术。对于一些深陷矛盾纠纷的当事人，或者深陷在利益和个人偏激情感中的当事人，有时候调解员的言传身教，可能不容易发生作用。这个时候，在调解中就要因地制宜营造各种氛围来引导和刺激当事人。比如针对多个子女不赡养父母，开展公开调解，让熟悉的周边人参与进来。在孝敬父母、至亲关系方面，什么样的当事人也架不住，往往面红耳赤、汗流满面。犹如帆借东风，调解员只要当好导演和评委，即可约束那些突破底线的人。

道德层面的问题解决了，如揭去蒙在眼睛上的纱布，心里就敞亮了，提高了对经济纠纷、情感纠结、社会责任的认识，化解矛盾纠纷便有了切入口。

○案例 15

赡养父母有法规民约
论道说法咱合理分产

案情介绍

周家有兄弟三人，两位哥哥早已分家出门。多年来父母一直与小周共同生活，帮小周干活，为其小家庭减轻生活负担。“天下老都向小。”老人全心全意帮小儿子一家三口，已惹得老大、老二老婆眼红，关系不和。现在父亲老了，腿脚不灵便了，竟然成了小周一家的“拖累”。从某年 8 月开始，小周夫妇不但不管父母的生活，还要分父母的财产，老父母处境十分尴尬。母亲找到司法所要求解决老两口的生活问题。

案情分析

这是一起典型的父母赡养争议案。因为老大老二早已分家，老父母多年来一直同三儿子一家一起生活，但三儿子不但不尽赡养义务，反而啃老。父母只有几亩土地，几孔土窑，以及院里种的一些农作物和果树，现在腿脚不行了，面临生存不下去的严重困难。养儿防老，三个儿子养活不了老人，是伤风败俗的缺德事，必须妥善解决。

调解切入

调解员受理此案后，及时与乡领导进行沟通、分析，多次向村干部及各当事人调查了解详细情况，在调查核实的基础上，先后三次召集周家全家进行调解，向其详细讲解《婚姻法》《继承法》《老年人权益保障法》。调解员从情、理、法的角度苦口婆心地讲解法律、社会公德与家庭美德方面的相关要求，指出赡养父母天经地义，是子女应尽的法定义务，孝敬老人是中华民族的传统美德。经过调解员的教育，最终达成调解协议。

调解技巧

首先，调解员给小周宣讲与日常生活相关的法律知识，使其明白赡养父母是应尽的义务。劝告小周乌鸦反哺、羔羊跪乳的道理。人人都有老的时候，人人都应尊敬老人，其实，也是为儿女做榜样，为自己年老时垫路。其次是做两位哥哥的工作，与两位哥哥协商，决定分给小周四孔土窑，一孔给小弟弟居住，其余三孔归父母，但父母百年之后，三孔全部归小周一家。小周每年给父母提供 600 元的生活费。

综合评点

赡养老人案在现实生活中时有发生，但通过法律解决却十分不易。究其原因，在于人们法律意识淡薄。调解工作中不仅要注重道德规范对人们行为的约束，更要注重法律的最终保障力，当道德约束失效时，应当有完善的法律予以保护。法律需要有人去维护，否则就只是一张白纸。因此，弱势群体权益受到侵害的时候，调解援助尤为重要。这起赡养纠纷得到成功调处，在村里引起了很大反响，起到了调解一案教育一片的效果，许多不孝敬老人的人都自觉尽起了赡养义务。

○ 案例 16

老人做事不似老人　一家结怨深
儿子做事应是儿子　三人解怨亲

案情介绍

温老汉年轻时与妻子不和，经常因小事对其大动干戈，导致大吵大闹，后与妻子长期分居，对年幼的儿子不闻不问。因此，温家儿子是由母亲一人含辛茹苦带大的。几十年过去了，温老汉已成为70多岁的老人，现已丧失劳动能力，失去经济来源，需要人赡养。于是，他多次找到儿子，要求其尽赡养义务。但温子以父亲在自己年幼时对自己不尽抚养义务，对母亲无情无义为由予以拒绝。温老汉经常找村委，希望村委能解决。

案情分析

《婚姻法》规定："父母不履行抚养义务的，未成年的或不能独立生活的子女，有要求父母给付抚养费的权利；子女不履行赡养义务时，无劳动能力或生活困难的父母，有要求子女给付赡养费的权利。"法律在此并没有规定父母尽抚养义务是子女尽赡养义务的必要条件，也就是说对于无劳动能力或生活困难的父母，子女有赡养的义务，而无劳动能力或生活困难的父母也有权利要求不履行赡养义务的子女履行赡养义务。既然法律对子女的赡养义务有明确规定，那子女就应该履行。本案例中温子拒绝赡养已丧失了劳动能力、失去生活来源的父亲，不履行法定的赡养义务是违法的。

调解切入

不论温老汉与妻子和儿子感情如何糟糕，客观的父子关系依旧存在，就看如何运用这些要素。在此基础上抓住双方的矛盾心理及心理需要，做各方的思想工作，不仅可以使双方冰释前嫌，更能恢复亲情，让温老汉的人生有个比较好的"收尾"，让这个悲剧之家回归秩序。

调解攻略

调解员首先做温老汉的思想工作，希望他亲自登门当面承认自己年轻时对母子没有尽应尽责任和义务的错误，请求谅解。其次做温家儿子的思想工作，指出其父亲没能尽抚养义务，这是父辈过错，但作为儿子，现在有能力赡养父母，一家人本可尽享天伦之乐，如果坚持不赡养的话，父亲晚年注定极其惨淡，毕竟血浓于水，同时从法律的角度出发进行耐心讲解，告知温子于情于理于法都不能留下遗憾。再次，想方设法，组织温老汉与其母子坐到一起进行沟通，不回避责任与过错，进行坦诚的交流，就赡养问题达成共识。

综合评点

天下之事，不难于法之立，而难于法之必行。依法调解，就要在查清事实的基础上，理清矛盾，找清各方的心理所需，在法律规定的范围内，在充分沟通的基础上，努力平衡矛盾心态和利益，制造既合法、合情还合理的解决方案，并实施之。在这起纠纷案中，妻子绕不过儿子，儿子绕不过法定义务和无法更改的亲情。共识就在那里。调解员以真诚之心巧妙引导，终使一家人从伤心走向合心，从裂痕走向弥合。天下美事，莫过于此。

攻略9　能量转化——巧撮正能量

矛盾纠纷五花八门，矛盾纠纷当事人来自社会各个层面，然而，一定有规律可循。一种情况是，当事人在社会地位、个人素质、文化层次、性格特征等方面，可能相对对等。另一种情况是，当事人之间存在巨大反差，如文化反差、经济反差、性格反差、社会地位反差等。对等容易造成来往机会频繁，难免磕磕碰碰；反差容易造成当事人之间难以沟通，彼此寸步不让。

不论当事人是否对等，矛盾纠纷当事人背后的社会环境都很复杂，既有消极因素，也有积极因素。在矛盾纠纷当事人中，不分地位，不分职业，不是所有人都斤斤计较，不是所有当事人都是无赖，不是所有当事人都没有社会责任感，不是所有当事人都耗得起时间，也不是所有人都愿意深陷在矛盾纠纷中，影响自己的心情和家庭，更不是所有的亲朋好友都不懂事理。学会观察全局，分析当事人性格特征等，发挥其中的正能量，就可能改变其心态。这些能量在调解矛盾纠纷时，甚至左右调解的局势和方向，须把控和调适。

调解矛盾纠纷，在很大程度上是一种对当事人、当事人周边关系的理解和运用。社会关系就是那些，就在那里，运用得好，甚至不用调解员自己出面，由其亲朋好友侧面出击，即可达到目的。有的当事人虽然表面看来在经济上毫不让步，但可以利用其爱护名声的特点，引导其主动妥协，从而使一方得利更多一些，一方得名更多一些；有的核心当事人或者边缘当事人则具有很高的社会责任感，愿意担当社会责任。遇到这类情况，则更容易化解矛盾纠纷。矛盾纠纷当事人各方的力量是可以相互转化的，并非一成不变，全仰仗调解员的机智和胆识。调解员敏于发现当事人的亮点、与当事人相关的亲朋好友的亮点，大胆使用亮点破局，经常能增强正能量，化解调解难题，化“柳暗”为“花明”。

○ 案例 17

家族厉害　能量有正有负
巧妙用人　能量化负为正

案情介绍

某年 6 月 12 日下午，王某雇马某给自己家垒墙。马某抬石头时，不慎摔倒，右小腿受伤，王某立即送马某到县医院和市医院治疗，诊断为右小腿骨折，现马某已出院，所需医疗费用全部由王某支付。王某和马某就赔偿问题经村里三次调解没有达成协议。双方家里都有兄弟好几个，而且各属一个大家族。一方除医疗费之外还要再行赔偿，否则没完；另一方则认为自己已尽心尽力，墙没垒起，赔了这么多钱已感委屈，再赔偿没有道理，赔不起，也不给赔。谁也有道理，谁也不让步。两个家族各几十人手持锹锄，形势紧张。

案情分析

这起纠纷案涉及一村两家族，这两大家族在村里都很有势力，在历史上关系时好时坏。虽然两家当事人近年来关系尚好，但自从发生事故，几十年的乡邻情感立刻全没了，剑拔弩张。如该事件处理不好，可能进一步加深两个家族之间的矛盾，形成大规模的冲突。

调解切入

当事双方虽然有翻脸不认人的味道，但可以理解为火气当头。同时应考虑其背后还有另一层有利因素，就是两人这些年没什么大的冲突，关系良好。再者在双方背后的家族中也不乏通情达理之人，借用他们之力“浇水灭火”，是个较好的切入口。

调解攻略

针对有可能因置气而造成家族矛盾冲突，调解员采取从中心瓦解的方法，一是找双方家族中德高望重的人当和事佬，把起决定作用的家族核心力量变弊为利，使其成为调解员的好助手；二是深入当事人的家中，耐心细致讲解有关法律知识，让矛盾双方懂得相关法律。双方当事人的“火气”就这样被泼灭了，并达成协议：王某赔偿马某误工费、陪侍费等其他费用10000 元整，分三次支付。某年 10 月 25 日前支付 2000 元整；当年 12 月30 日前支付 4000 元整；剩余 4000 元在次年 1 月 30 日前支付。

综合评点

此类矛盾虽小但容易引起大纠纷。现在有些农村存在一些家族之分，有的纠纷表面看是两个人或两个家庭之间的事，背后却是家族势力的冲突。处理不当则会引发家族之间的更大纠纷，造成更大的矛盾。本案在调解过程中，转家族势力的负能量为正能量，化险为夷，化劣为优，为处理高度敏感的矛盾纠纷提供了一个可资借鉴的案例。

○ 案例 18

息事宁人　避免过激行为
达成谅解　邀约亲属参与

案情介绍

某年 7 月 6 日晚，尹某、解某伙同江某（因犯故意杀人罪被判死刑，已执行）、叶某（被劳教）在某市一家大酒店与王某等人发生争执而打架斗殴，两人被捅死，王某被扎成重伤。王某家人一直上访，多次在市委、市政府缠访、闹访，自己的生活也越来越困难。王某家人上访案至今已跨 13 年，一直未能得到妥善解决。区法院分别判处尹某、解某犯故意伤害罪，有期徒刑 14 年，刑事附带民事赔偿 293924.70 元。因犯罪人正在服刑，且没有经济来源，一直无法执行。

案情分析

这是一起典型的执行难案例。市矛调、联调中心调解组接到申请后，立即调阅案件卷宗，亲赴现场了解情况。通过听取当事人和办案单位的陈述，确认尹、解等家境贫寒，就其经济能力而言，无法承受法院判决的数十万元赔偿金，如此，王某也因得不到应有经济赔偿而不断上访。在这种情况下，可以探讨是否给予死者家属司法救助，救助又应按何种标准执行。

调解切入

调解组首先从人道主义出发，出于对王某和死者家属的同情和理解，积极争取司法援助，尽力给予部分补偿，使其心理上平衡。其次，调解组对王某和死者家属进行劝解，要求其绝对不能采取过激方式，并承诺一定尽力妥善解决纠纷。死者家属渐渐冷静下来。

调解攻略

一是调解组利用一切积极、有益的因素，把当事人中通情达理的亲属吸收进来，参与调解，强化了当事人家属内部的和解力量，使得调解正能量起到主导作用。二是特邀当事人所在地的区委政法委书记参与调解。政法委书记可调动各方社会力量，使调解力量得到增强。当事人在合力的作用下认识到自己的过错，纠正了自己的观点。三是实施司法救助。13 年来，王某家由政府先后救助 13.7 万元。2012 年 6 月 20 日经市矛调、联调中心调解后，王某家人同意由政府又一次性司法救助 17 万元整，并形成书面协议，保证从此息诉罢访。

专家评点

此起纠纷案虽然事实清楚、定案及判决准确，但因被执行人无力支付赔偿，情况变得复杂起来。调解组能够冷静分析事件，寻求和抓住王某家人及死者家属社会关系中的积极因素，讲道理，极大提高了王某家属的思想认识。特别是邀请政法委书记，使社会调解力量得到高效优化组合，对加大调解力度起到积极作用。

攻略 10　打开心结——一解纠纷消

影响正常家庭生活、邻里关系、亲戚关系、工作关系、经济合作关系，而一方或双方都故意不说出来，或想说却说不出来的那种想法或感觉，就是心结。其根源既有经济的，又有精神的，通常混在一起。这种若有若无又纠结不清的心结，给当事人设置了一道道难以逾越的心理障碍，解不开，放不下，成为久治不愈的心病。如果任其搁在心里发酵，必然导致当事人之间冲突不断，纠纷不绝，绵延数年，甚至数十年。

这类矛盾纠纷当事人，或者个人关系比较近，或者在一起工作，或者相处时间比较长，或者彼此曾经有过特殊的信任。矛盾纠纷的诱因也很多，某个特殊环境下的一句话，说者无心而听者有意，觉得没有得到尊重；因为某一个偶然事情，一方觉得不合适；某个经济活动中利益分配欠周到，一方觉得不公平。总之，都是些小事情，却使一方或者双方产生挥之不去的猜疑。这就是“人熟理儿生”。其表现形式是隐蔽性较强，或者含而不露，或者“犹抱琵琶半遮面”，在外在环境不复存在的情况下，自顾自地发酵。表达形式是“指桑骂槐”“顾左右而言他”。看上去是心里不高兴，其实是某些物质利益没有得到满足；看上去是一些小利益冲突，其实是精神等方面没有得到满足。当事人明知这事不值一提，连自己都觉得上不了台面，却挣脱不出来，不说不行，欲说不能，不说伤自己，说了伤别人。

这对矛盾纠纷起着巨大催化作用，同时，对化解矛盾纠纷也有巨大积极作用。心结是矛盾纠纷的锁。打不开的人打不开，会开的人自能打开，就看手里攥的是啥钥匙。调解员要有洞察秋毫的锐利目光，不能被表面现象迷惑，要穿透这团迷雾，透过现象敏锐地看到本质，还要穿越时空，想方设法从根子上扫除迷雾。既要同当事人本人进行沟通，观察其言行，又要通过其周边的亲戚朋友等进行深入了解，如平时为人、性格特征、做事风格、与对方来往历史等等。心结还须心药解。在深刻把握当事人心态基础上，有针对性地说些宽心话、劝慰话，疏导情绪，诱导对方把自己的想法讲出来，把气儿撒出来，把怨愤倒出来，便能化解矛盾纠纷。

○ 案例 19

担心继母有野心　房屋手续不给老子
居中公正巧折中　房屋归子皆大欢喜

案情介绍

某年 11 月 15 日，巴某（72 岁）带着相关证件向社区居委会反映其子一直不给他房屋手续，儿媳张某与公公关系恶化，一家人没有沟通的渠道，请社区帮忙调解。

调解员深入居民家中了解基本情况：巴某是本社区的常住户，为人处事一般，本人脾气倔强。儿子和儿媳也在本社区居住，一家三口与老人不和，从不来往。儿子认为父亲再婚，担心财产被继母占有，因此迟迟不愿归还房屋手续。父亲认为自己身体健康，思维清楚，还不到分配财产的时候，要将房屋手续收回。

案情分析

第一，双方当事人争议的焦点为家庭财产分割和归属问题，这导致一家人别别扭扭，不和气，不相往来。第二，儿媳心胸狭窄，不容公公，儿子又担心自家财产被继母占有而不归还父亲房屋手续。其实儿子儿媳并不了解父亲真心。

调解切入

他们为父子关系，是一家人，感情基础在那儿放着，只是小的不顾及老人情感需求，片面从老人财产就一定归其所有，肥水不流外人田角度考虑，表现出自私的一面。财产纠纷在本质上讲并没有形成。只要双方在心态上做一些调整，即可扭转局面。

调解攻略

要调解这起矛盾纠纷关键在于老父亲和儿媳妇各有想法，最主要的是儿媳妇的想法偏离了轨道，使老人心里不舒坦，自然就有更多想法。他这样做，一是故意和儿媳妇过不去，只是说不出口，就是考验一下他们！用老人的话说，是“以小人之心度君子之腹”。他恨儿子跟着儿媳妇变坏了。自私的猜疑和老人的固执性格在两代人之间竖起一道厚墙，这就是心结。调解员把扭转儿媳妇和儿子的思路作为重中之重。

调解员把儿子、儿媳、老父亲一起请到社区，从情理角度给双方耐心做工作，旁敲侧击透露老人的真实想法，对儿媳妇自以为是的猜疑和不尊老的乱来提出批评。儿子、儿媳陡然清醒，表示要归还房屋手续。父亲非常感激，当时就做出决定，公开承诺请律师将房屋变更于儿子名下。儿子、儿媳又惊喜又惭愧。

专家评点

在这起矛盾纠纷中，本质上看其根源并不是财产纠纷冲突。儿子、儿媳从近利出发，丝毫不考虑老人的心情。老人找个伴，其实也是给儿女减轻负担，而儿子、儿媳眼里只有财产。这不是个例，而是一个社会问题。调解这类矛盾纠纷，应意识到“血浓于水”的情感往往起着决定作用。切入点到位，或许不用技巧也行，当然抓切入点本身就是调解技巧的一个重要内容。

○ 案例 20

老邻居来往多　怨易结也易解
好民警治心病　一线牵百怨解

案情介绍

孙某与李某在村里是好朋友，常在一起玩麻将，因一句闲话二人争吵起来，孙某用酒瓶将李某右眼下划伤，结下三年仇。李某一见到孙某就指桑骂槐。孙某的丈夫有点瘸，常常成为李某谩骂的幌子，可孙某一旦回应，李某就不骂了。两家住得较近，二人常见面，孙某有些受不了。几年来孙某找邻居，找朋友，找村调委会，找村里主要干部调解了好多次，调解人一去说，李某就答应不再骂了，可是之后见了面还是骂。两家都很烦恼，很痛苦。这次孙某找到镇派出所希望调解两家的关系。

案情分析

在农村邻居之间争争吵吵的事情常发生。几代人住在一个村子里，锅碗瓢盆，哪有不磕碰的。但现在的农村这种现象已经很少见了。如果像孙某说的，仅仅是将李某划伤了一点点，为什么三年来两人还一直和解不了，这里面肯定有隐情。

调解切入

调解这个纠纷必须细致调查了解，特别是了解李某的真实想法。这个想法不经她的口说出来，这个疙瘩就解不开，这是调解的切入点。只有把握李某内心想法，才能找到化解的办法。“不入虎穴，焉得虎子？”于是调解员决定亲自登门拜访李某。

调解攻略

因与李某不熟悉，调解员提出到她家是为了调处李孙关系时，马上吃了个闭门羹。调解员意识到一定得混个脸熟，于是第二天假装走错门又进了李某家。李某是个聪明人，说为个这事还演戏呀，就直告调解员说是看不惯就想骂人，没啥思想根源。调解员只听不问，说完话后跟李某亲热地打完招呼就走了，给李某留下个“好人”的印象。过了三天，调解员再次来到李某家。这次李某非常热情，又是倒水，又是给烟，道出了真情。原因很简单，李某认为自己毕竟受了点伤，没发生纠纷前两家还处得不错，闹完以后，孙某或其家人应该来安慰她一下，但孙某和她家人都没过来说过一句顺心话。两天后，孙某夫妇买了水果，在调解员陪同下，进了李某家门。这下李某反倒有点不好意思了。老邻居坐在院子里唠起嗑，一笑百怨消。

综合评点

农村人住在一个村子里，有的世代都是邻居，争争吵吵本来也属平常。

怨好结也好解，就是怕没人会解怨，结果怨越积越深，导致几代人心里不痛快，日子过得不舒坦。心病还得用心除。调解员巧妙深入李某内心，然后把探得的信息巧妙传给孙某，终于打开了锁在双方当事人心头上的“心锁”，使两家言归于好。

攻略 11　亲字解仇——百灵解心丸

这是各类矛盾纠纷里面最具中国特色的一个。亲字解仇一定是解以亲情为纽带的人与人交往所结的仇、怨、恨。这些怨恨和纠结，完全是亲情关系处理不当造成的，是爱恨交加的仇怨和纠纷。这正符合“解铃还得系铃人”的说法，解仇还得亲字解。

矛盾纠纷，许多情况下是因为彼此关系太近，或者血缘关系，或者朋友关系，或者邻里关系，或者生意关系等而产生。没有这些太近的关系就没有发生矛盾纠纷的基本条件。正是因为这种太近的关系才使当事双方有了亲密的感情接触、事务接触。当事人可能心眼小故意煽风点火，或由于缺乏生活和工作经验，或不了解相关的法律法规，或为了达到自己的目的故意挑拨是非，或觉着自己吃亏不愿意退让……这一切都会在“过去关系太近，我太信任他”的心态下，导致当事人产生被“骗”的感觉，觉得气不过，在矛盾纠纷上纠缠不休，一定要讨个说法。这实际上是放大了负面情绪，放大了矛盾纠纷。放在普通关系里，发生这样的事情，那根本不是事儿。

这类矛盾纠纷看似由某件事、某句话引起，事实上是心理因素在起作用。缺乏经验、年纪太轻的调解员容易陷入就事论事的“专业怪圈”，有板有眼地给当事人摆事实讲道理，谈法律论道德，把利益和冲突这些外在现象当作本质问题来处理，往往适得其反，甚至导致矛盾纠纷升级，或者被斥为“多管闲事”，闹下“出力不讨好”的结局。亲情是一种天赋的关系，“亲情发于内而攻于外”，符合自然本性。把握住背后隐藏的要害，认准关系太近”这个关键，善于突破当事双方纠缠不清的表面现象，紧紧抓住其关系和情感，从矛盾纠纷本质来切入，利用其原先良好的关系先解心后解事，心结一解，矛盾纠纷随之化解，恰如一把大锁使用期间或许缺少维护，零部件之间缺乏润滑油的滋润，但一经润滑，一般都能恢复正常，不过是时间迟早的问题。

○ 案例 21

父亲出面兄弟和解　还是一家人
理清怨源亲情施压　妯娌归于好

案情介绍

范某（妯）吕某（娌）是一对妯娌，由于平时积怨，由亲而仇。某年4月4日，范某趁丈夫和小叔不在家，以要吕某还钱为由来到吕某家中，与吕某发生争执。范某用铁锹打砸小叔家中玻璃、水缸及沼气灶、电风扇、冰箱等。物品不同程度损坏，床上的用品也被范某用水泼湿，甚至毁坏。吕某气得浑身发抖，同范某扭打在一起，闹得全村人都来看热闹。

经调解，于4月8日达成以下协议：（1）范某父亲提出，只要双方今后不发生矛盾，此次损失由自己全部承担，并于10日内履行。（2）范某当面向吕某赔礼道歉。（3）自调解之日起，双方不得就以前的事情发生争执。

案情分析

双方当事人为妯娌，住前后院，平日因为琐碎事双方已经有很深的积怨，经常发生矛盾纠纷。这次冲突其实不过是情绪发泄的重演，经济纠纷只是个导火索。从某种意义上说，这类矛盾纠纷正是基于“亲”字产生的。亲人易结怨，也易解怨。因此，仇再大也不怕。

调解切入

妯娌陷入如此僵局，肯定应该先从思想上做文章，剥“仇”见“亲”。首先确定调解思路。因双方矛盾大、积怨深，为做双方的思想工作，调解员费尽口舌和心思。其间，调解员还邀请双方的公公参与批评教育，让双方亲朋好友以及村委会参与思想工作。待双方态度稍稍缓和时，把范某、吕某和两兄弟拉在一起进行面对面交流。两兄弟毕竟是同胞亲兄弟，都主动批评自家媳妇，要求妻子听从调解员安排，接受调解，化解纠纷。最终，双方握手言和。

调解攻略

换位思考通渠道。“不说砸坏家用电器，假如换换位，是人家吕某用水把你范某的床被用水浇了，你会怎么想？”都是居家过日子的人，换换位就想通了。

亲情感化暖人心。调解员风趣地告诉范和吕，假如不是妯娌，想结这怨还没缘分呢。亲人的加入更加缓和了当事人双方的关系。大家劝他们这是千年修来的缘分，要好好珍惜，相互关照。亲人闹得仇怨一大堆，不惹人笑话？

法律、伦理定方向。调解员教育当事人，虽然吵架不是什么大不了的事，但忘了亲情，比路人还无情，又砸又打的，若是触犯了法律到时谁也帮不了忙。何况路人帮忙的好事报纸、电视、网上天天有。

综合评点

人常说：“两个女人一台戏。”这并不是说女人就爱争爱闹，也不是说女人真的就“见识短”。但过去毕竟男主外女主内，女人主的就是家中琐事杂事。本案调解员精准把握切入点，灵活运用亲情感化法、换位思考法、法治教育与伦理教育法，对症下药，以情动人，以理服人，把一锅饺子煮得有滋有味，促使当事人互谅互让，达成和解，消除纠纷，皆大欢喜。

○ 案例 22

背对背　抹开面子说说心里话
亲劝亲　扭住情理想想也没啥

案情介绍

某年 10 月 1 日上午，家住某社区的王某外出上班时，因走得匆忙，忘了关上家中厕所水龙头，下午来水时，积水渗透到楼下杨某家中，致使其部分家具和家电受损。晚上王某回家后，得知因自己一时粗心造成邻居家被淹，造成麻烦，感到非常抱歉，主动答应给杨某一定的经济赔偿，但双方就赔偿的具体金额发生争执。不过从整个纠纷过程来看，矛盾不是那么激烈。

案情分析

根据《中华人民共和国人民调解法》《××省社会治安综合治理条例》中的相关规定与说明，此纠纷案中王某由于疏忽大意，致使杨某家被淹，部分家具和家电损坏，给其造成不应有的损失，王某应对整个事件负主要责任，对杨某家中的财产损坏应当给予赔偿。王某主动提出给予一定经济赔偿，态度上是端正的。至于因金额发生争执，一时难以达成一致，当属正常。

调解切入

赔多赔少，是展开调解工作的切入点，也是调解工作的难点，更是调解工作能否成功的关键。所以，调解员就纠纷所涉及的法律法规，对双方耐心解释与说明，再结合人情事理，找当事人分别进行谈话，并联系双方的亲朋一起做思想工作。通过调解员的引导与疏通，双方都做出了让步，顺利达成赔偿协议。

调解攻略

一是“背靠背”说和法。本案涉及的赔偿数额虽不大，但人都有争面子的思想。对此，调解员采取“背靠背”说和法，把当事人分开进行说和，促使双方态度缓和。

二是“换位”思考法。调解员找准切入点，平衡双方利益，引导双方站在对方的立场上，设身处地为其考虑，将心比心，增进理解，消除了隔阂。

三是“亲友情”捆绑法。调解员联系双方的家人和朋友，在意见统一的基础上，让他们给当事人做思想工作，促使其转变态度。

专家评点

民间纠纷有事情琐碎、纠缠不清和难处理的特点。很多情况下，之所以纠纷复杂多变，是因为其中掺和了诸多情感因素，造成调解迷宫，如这起纠纷中的面子思想。本纠纷案调解员熟悉民事调解方面的法律法规，并且能与案情案例相结合，灵活运用调解攻略，方法恰当，从而使双方达成满意的调解协议，及时、彻底地化解了纠纷。

攻略 12　情了缘断——陌路又何妨

情缘就是亲情缘分，是贯穿人际关系的红线、社会关系的网络、利害关系的神经，中国没有人躲得开。在社会层面看，一般可分为三层。

第一层是以血缘关系为核心的情缘，是与生俱来的。如父子（父女）情、母子（母女）情、祖孙情等。这种亲情缘分牢不可破，虽然内部也有分裂，但血缘利益遭到外来力量侵害时，亲人裂痕会迅速弥合，一致对外。看似有些裂痕却牢不可破，这是血缘共同体共存共亡感在起作用。血浓于水的亲情缘分难以破裂，已成常态。

第二层是以夫妻关系为核心的缘分，是来自不同血缘的两性结合而成的情缘，往往由于有了子女这个共同血缘而紧密相连。但是，夫妻情缘在很多情况下，会受到来自夫妻双方亲人利益、性格、做事风格等，甚至婚外情的干扰，形成夫妻矛盾或对立，造成夫妻一方或者双方处于尴尬境地。这种冲突还可能延续到婚姻结束之后。有的婚姻关系已经破裂，夫妻甚至断绝关系，没有来往，夫妻的亲戚朋友之间却仍然记恨。化解这类矛盾纠纷的关键往往不是经济利益，而是当事人对对方的态度。怨恨、纠结等心理因素看不见摸不着，但对矛盾纠纷的处理起着巨大破坏作用，甚至能把事情推到无法调处的地步。每一个闹别扭闹离婚的夫妻都有自己的亲人群体。

第三层是以友情和利益关系为核心的情缘，容易破裂。在经济社会中，人们往往因为有着良好的友情而合伙，但事业并非想象中那么简单，正所谓“理想很丰满，现实很骨感”。因为商业活动经验、经营理念、利益预期、处事能力有差异，容易损害友情，甚至发生打架斗殴、危及生命的恶性案件，即犯罪。

缘分文化滋润每一位国人，对其言行影响至深至远。其核心是，缘分既可以来，也可以去。要给这类矛盾纠纷当事人讲清楚，缘分来了是亲人是朋友，缘分去了是路人是邻居。懂得世间百态，通晓世态炎凉，把该忽略的忽略掉，把该处理的处理好，才能过好自己的日子。缘分在社会生活中发挥着极其重要的作用，入骨入髓，也是保证调解工作顺利进行的重要因素。不同层面的情缘构成了层层叠叠错综复杂的社会关系。这些关系，用得好，则是处理矛盾化解纠纷的灵丹妙药。对于不同层面的情缘，调解员若善于运用，运用得巧妙，经常会化险为夷，甚至轻松解决矛盾。

○ 案例 23

依规调处老纠纷　断绝怨源
依理说尽世间事　看淡恩怨

案情介绍

陈某是豆某的前姐夫，两家同住一村，因陈某婚姻关系破裂结下恩怨。在陈某婚姻关系存续期间的某年 8 月至次年 6 月间共 10 个月，陈某与豆某曾合伙养羊，但因经济问题发生过矛盾。这年 2 月 27 日 18 时许，陈某与豆某在路上相遇。两人相互大骂，并引发打架，滚打在路边炉灰堆上。陈某顺手捡起炉渣块将豆某的头部右侧打伤，豆某也捡起炉渣块将陈某的头部左侧打伤，双方受伤程度相当。

案情分析

两家因婚姻关系破裂而由亲家变为仇家，豆某对陈某与其姐离婚一事耿耿于怀，这在农村很常见。同时陈某与豆某曾合伙养羊并因经济问题产生矛盾，这是历史遗留问题。现在二人由姐夫和小舅子变为“仇人”之后，各种矛盾纠纷混在一起，真是“新仇旧恨”纠结不清，遂发生“路上冲突事件”。

调解切入

当事人要求对其矛盾纠纷进行调解，这为调解奠定了良好的基础。切入点放在消除两人之间的误会上再好不过。从引发纠纷的原因找突破口，通过与双方当事人逐个交谈，听取双方对案件处理的意见，最终实现了圆满处理。

调解攻略

1. 依规化解老纠纷。“路上冲突事件”，说到底还是两人的“老问题”没有解决引起的。调解员根据当时羊的市价，做了估算，陈某还豆某两只羊，豆某又拿 50 斤玉米给陈某，这对曾经的姐夫和小舅子两清了，从而消除了冲突的根源。

2. 结合事情，以理服人。养羊纠纷是养羊纠纷，没有找村调委会解决，那是双方的过错。特别是把老纠纷和日常生活混在一起，不应该。豆某年少先骂人不对，陈某年长还口又先出手打人更不对。因此，调解员劝导当事人向对方赔礼道歉。

3. 向当事人讲解生活道理。婚姻之事，过去就过去了。有缘就做个好亲戚，无缘就各过各的日子，乃是人间很正常的事。惦记那么多恩恩怨怨，而且造成现在的冲突，实属不聪明。两个当事人恍然大悟，想通了这个道理，也就去除了争吵的根源。

综合评点

如果没有见过鸡毛蒜皮能引发冲突，这就是；如果没有见过小矛盾不解决会引起大矛盾，这就是。有些地方，发生矛盾纠纷找村调委解决还没成为习惯。陈某和豆某曾经还是亲戚，小矛盾随着时间发酵，于是就成了冲突隐患。调解员透彻分析案情，从引发事情的原因上找突破点，并讲解生活中的基本道理，帮助其了解世态，明白生活常识，从而消除了矛盾纠纷的根源，促使当事人互谅互让，转变处事的态度。

○ 案例 24

积怨加误会　引发伤人案
三调齐联动　化解心中怨

案情介绍

某年 8 月 5 日晚 8:30 左右，村民韩某酒后骑摩托回家途中，晕乎乎地驶入宁某养鸡场。说来凑巧，韩某与宁某均是离异再婚青年，且现在的妻子均是对方的前妻，双方虽居异村，但也相互认识，所以存有“心结”。宁某看见韩某酒后走进养鸡场，误以为韩某前来滋事，便大打出手。经司法鉴定，韩某轻伤。宁某被刑事拘留，移送县检察院。宁某认识到自己的错误，主动提出和解。村调解员、派出所干警积极协调，其家人也先后托二十余名亲朋，不下十余次主动向韩某提出和解请求。但韩某态度坚决，声称赔偿低于5万元就免谈，并要求依法判刑，调解困难重重。

案情分析

宁某是家中唯一的劳动力，正值秋收种麦时节，地里农活无人顾及，家中养鸡场无人照顾，如果被判刑，家里就失去了顶梁柱。在本案移交检察院的第四天，宁某的父母和妻子持村里介绍函来到镇矛盾调解中心，请求镇矛盾调解中心调解。这给了人两个重要信息，一是农忙季节火烧眉毛，种麦大事耽误不得，要抓紧调解才不致给宁某家造成不必要损失；二是宁某及家人主动提出调解，表达了宁某的悔改诚意，调解机遇不可错失。

调解切入

宁某主动提出调解，特别是其家人憔悴的面孔和期待的神情，既是帮助宁某悔过自新的表现，更是调解的切入口。调解员当即将此案情况电话汇报给县司法局，建议由县司法局出面与县检察院沟通，调解此事。本着以人为本、保护被害人，使韩某所受侵害得到弥补，使宁某悔罪认错，使社会关系得到恢复的目标，镇矛盾调解中心开展和解。

调解攻略

调解员从对双方当事人都有利的角度，从维护乡里乡亲长远关系角度进行劝说。韩某态度特别坚决，要求依法判决。调解员告诉他：“判刑很容易，可判后对你有啥好处？对方养鸡场倒闭，家庭生活困难，你的医疗损失赔偿无望，两家的仇越结越深。如果愿意和解，按标准让对方给予赔偿，对对方也是一个很好的教育，对生活并不宽裕的你来说，也可以有钱治伤，恢复健康。并且你的大度也能减少彼此旧怨，何乐而不为呢？”经过苦口婆心的劝导，韩某心动了，让步了。双方终于认识到夫妻离合乃是人间正常之事，缘合则过，缘断则散，不必记恨，更不能产生其他想法。于是也就解开了“心结”，又解开了“法结”，达成了调解协议：（1）宁某向韩某赔礼道歉，并自愿赔偿韩某医药费、误工费、精神损失费、营养补助费、陪床费等共计人民币 18000 元；（2）韩某自愿不再追究当事人宁某责任；（3）双方当事人自签订协议后再不因此另生事端。

综合评点

现实生活中因婚姻、赡养、宅基地、承包地等纠纷处理不当而导致的轻伤害刑事案件时有发生，而双方并不存在多少利益冲突，也不存在不可调和的矛盾，但如果简单地一判了之，却会导致双方矛盾加深。有些矛盾纠纷，显然因只可意会不可言传的“心结”造成，非要说清理儿，用黄河水洗脸，如何能洗得清白。韩某酒后“误入”，但并不证明他有“不轨”企图。这势必造成冲突。引导好了，双方就能放下“包袱”各自过自己的日子，避免以后发生不愉快的事情。

攻略 13　离合顺势——不积怨上怨

实际生活中，婚姻以多种多样的形式存在。

一种表现是夫妻两个正常地吵吵闹闹。由于夫妻没有克服生活困难的经验，缺乏生活阅历，产生了一些看似不可调和的矛盾。人常说“床头打架床尾好”，调解过程中，要善于洞察婚姻规律，不能见风就是雨，上了小夫妻斗嘴斗狠的当，更不能捕风捉影，上了闲话的当。另一种表现是，夫妻双方闹得你死我活，甚至把官司打到法院去，分家产、分孩子，双方家里老老少少都义愤填膺，参与进来。这个时候更要小心背后的陷阱。这个陷阱不是夫妻两个挖的，而是周边的亲人挖的。有的亲人不明白夫妻两个过日子，人家才是矛盾纠纷的主角。结果，婚姻当事人成了旁人，婚姻之外的亲戚朋友成了主角。嘴巴越来越杂，闲话越来越多，夫妻戏下台的台阶会越来越窄。这种情况下，调解员不能被假象迷惑，要避开矛盾纠纷边缘人，直接与当事人交流，才能拨开云雾，发现并解开夫妻双方的心结。没有杀父之仇，没有了不得的婚外情，没有夫妻舍得让自己的家庭分崩离析，舍得让孩子失去父母大爱。揪住夫妻之间的情缘，抓住孩子这个揪心的结，看看二婚三婚带来的严重伤害，有缘分的婚姻就分不开、打不散。第三种表现，是有婚外情的婚姻。这属于“伪婚”的一种，夫妻一方对家庭和婚姻不负责，享受婚外喜悦和刺激。这一类矛盾纠纷迟早会从隐性走向显性，导致激烈冲突，容易带来恶性悲剧。

虽说“宁拆十座庙，不坏一门亲”，但这仅仅是一个良好愿望。有希望的婚姻，要竭力调和，想办法帮其修复；可是婚姻殿堂已经风雨飘摇了，夫妻婚姻发生明显裂痕却硬要撮合，就是不合理的做法了，只能带来严重后果，于家庭于社会都不好。这要看调解员的生活经验，看其眼力和判断力。

已无法挽回的婚姻，或拳脚刀棒唇枪舌剑，或平静如水心如死灰。

在摸清来龙去脉之后，要从“未来的好”出发，从孩子成长着手，从夫妻情感危机甚至生命安全出发，允许其离婚。婚姻走到这一步，一般在财产分割上、孩子抚养上分歧较大，而且经常是针锋相对、寸步不让。应该依照《婚姻法》，结合夫妻承担责任和经济负担的能力，妥善处置，干净利落，不留后遗症，避免旧恨复苏，导致旧恨、新仇相加，使调解效果付之东流。

○ 案例 25

女汉嫌丈夫毛病多要离婚
扭住两个夫妻感情好如初

案情介绍

雷某（男）和赵某（女）经自由恋爱结婚，于某年 8 月 16 日育有一子。雷某单方称双方相处时间短，缺乏足够了解，感情基础薄弱，婚前曾数次发生争吵，甚至大打出手；婚后由于双方性格不合，而且长期缺乏有效沟通，导致夫妻感情逐渐疏远经常争吵。赵某数次提出离婚并出走，后经双方父母及亲戚朋友劝说后勉强共同生活，但仍经常因琐事吵架。雷某认为夫妻双方感情确已破裂并且无和好可能，再继续共同生活下去已经没有意义，于某年某月某日起诉离婚。

案情分析

双方当事人和好的可能性很大。第一，双方系自由恋爱结婚，并已共同生活四年多，有感情基础；第二，双方育有一子，这是使他们内心倾向于维系婚姻的一个重要积极因素；第三，双方未产生实质性矛盾，并无大的仇恨，雷某的原因仅仅是“常因琐事争吵”“性格不合”“长期缺乏有效沟通”等。通过对案情的分析，调解员确立了通过调解促成当事人和好。

调解切入

这次离婚的直接原因是男方雷某生病时女方赵某没有照料；没有离婚，是因为“双方父母及亲戚朋友劝说”。年轻人提出离婚的理由不充分，换句话讲，这些理由都不足以也不应该使家庭破裂，只是夫妻要进一步磨合。调解员感觉有必要通过双方亲戚消除误会，做劝说工作。于是调解员在调解时通知双方亲戚也到调解室，以双方亲戚的劝说为切入点。

调解攻略

第一，单方调解法。避免当事人当面争吵、激化矛盾，使调解陷入僵局。同时调解员又与当事人一起分析案件判决结果，通过剖析同类案件，明示调解结果，将当事人在调解中做出让步和不接受调解可能出现的结果进行对比，劝告男方雷某珍惜第一次婚姻。

第二，巧借外力法。这里的“外力”，就是除调解员之外，一切有利于促进调解成功的积极因素。调解员选择在当事人双方心目中都有威信的人及可信的亲戚参与进来，证明女方赵某在娘家确实没听说丈夫病了，没得到任何消息，从而初步消除了误解。

第三，降温处理法。本案中调解员是在受理案件一段时间之后才进行了调解。因为刚开始双方当事人都觉得委屈，男方雷某认为赵某漠视、冷落自己，女方赵某觉得莫名其妙地就被起诉离婚。降温处理给了当事人思考、商量的机会，避免其做出草率的决定。

综合评点

这是一个普通案件，案情比较简单，但也涉及三种调解攻略的综合运用。如果案件复杂一些，需要的调解攻略或许更多，不过也不见得。实际工作中，由于当事人情况各异，调解的方式也应该多种多样，结合具体情况，根据需要，尽量选择更合适的调解方法，才能把事办好。本案中个性因素比较突出，雷某妻子个性强，平时不仅嘴上不饶人，还出口伤人，而雷某不善言辞，爱生闷气。想方设法疏通感情，打通关节，和好便顺理成章。

○ 案例 26

夫妻感情破裂不离婚　血案在即
调解员顺大势劝离婚　妥善处理

案情介绍

霍某是曹某妻子，从某年起夫妻俩因琐事多次发生争执，经常吵闹。7 年后曹某向法院起诉离婚，因霍某执意不离，法院判决不能离婚。当年 8 月 16 日，曹某再次向法院起诉离婚。为了能与霍某尽快离婚，曹某多次殴打霍某。9 月 4 日晚上，曹某让其代理人与霍某谈离婚一事，未果。为了泄愤，5 日早晨，曹某起床后开始摔砸家里的东西，殴打霍某，并拿铁锤砸坏铁炉、玻璃、家具，烧坏缝纫机，吓得霍某从家里逃出来，打电话报警。民警赶到现场后，曹某依然很冲动，扬言要掐死霍某。霍某不敢回家，无奈之下来到县调解办求助。

案情分析

霍某与曹某感情已经完全破裂，曹某两次向法院起诉离婚，说明婚姻已经无法维持。曹某为了达到离婚目的，频频对霍某施以家庭暴力，一次比一次凶狠，霍某也在心中增添仇恨，这很容易使婚姻纠纷转化为刑事案件。平抚双方当事人的情绪，解除双方婚姻关系，并就财产分割和孩子抚养达成协议，是成功调解这起纠纷的关键。

调解切入

调解办与曹某所在单位共同成立调解组，积极稳住曹某的情绪。并通过到县法院了解案情，和双方代理人、邻居分别座谈，把握了离比合更好。随后调解组召开会议研究案情，分析情况，确立调解方案，促使双方当事人达成对彼此有益的离婚协议。

调解攻略

及时介入、稳住当事人的情绪是首要环节。在调解方式上，选择与曹某所在单位共同成立调解组进行联合调解，有利于对曹某进行了解和心理约束。此外，通过了解双方的要求，确立了调解方案。在调解过程中，采取背对背的调解方式，通过充分说理，耐心疏导，说服女方解除婚姻，摆脱不幸，解脱自己，寻找自己的幸福和自由。然后抓住离婚面临的主要矛盾，就孩子抚养和财产分割问题进行妥善安排，成功调解。

综合评点

随着社会的发展，婚姻观念较以前发生巨变，因离婚而引发的纠纷乃至流血冲突时有发生，带来一系列社会问题。调解在解决这类矛盾纠纷中具有独特的优势。这起纠纷中，在曹某因离婚不成而与霍某产生严重冲突的危急时刻，县调解办及时介入，安抚双方，将随时可能激化的矛盾平息下来，为及时调处打好基础。面对双方婚姻不可能挽回的情势，积极做好女方思想工作，让双方首先就离婚达成一致，然后就离婚面临的主要问题进行调解，促使双方达成协议，避免矛盾纠纷升级和不可预见的事情发生，又使当事人的权益得到保护，终使充满仇恨的双方当事人在和风细雨中分手。

攻略 14　心理平衡——虚实各所求

在矛盾纠纷中心理平衡指实际经济利益和预期经济利益之间的平衡，以及实际经济利益和预期精神利益之间的平衡，简单讲是物质和精神相互作用的结果，两者相互渗透，不可简单割裂。由于当事人的社会地位不同、愿景不同，受客观因素制约，化解矛盾纠纷往往不可能完全以法律意义上的平等为标准，很多情况下，可能重在追求心理上的公平，用老百姓的话说，就是“差不多就可以了”。这需要调解员根据实际情况拿捏，从而由“公证裁决”转化为“心理平衡”，由纠缠不清转化为“差不多算了”，由咽不下这口气到觉得闹下去不值当。

有钱的人讲究面子，可能为了自己的名声而做出让步；有社会地位的人讲究身份，可能为了自己的声望做出让步；有些人考虑利益，可能为了利益而做出让步；等等。这是一种平衡。一个经济纠纷往往会被划分成多块、多类型去调处，或者一块一块、一类一类去调处，在总体目标下逐步推进。因为存在错综复杂的经济关系，想要按预期来追求调解结果几乎不可能。这时要展开综合调处。综合调处是化解矛盾纠纷的一种优化手段。比如甲因为盖房子遭到邻居乙阻拦，乙推倒墙且把甲打成轻伤住院。甲提出材料损失、工程延误、人身赔偿等，但赔偿费用过高，无法实现和解。调解时则可以在经济赔偿总额降低的情况下，通过单项协调，在三项赔偿中抬高或降低某一项赔偿，使甲心理上得到补偿。

心理平衡是调解攻略里一个有趣的学问，一种有趣的现象，不仅有研究价值，更有巨大的应用价值。当事人追求的或许是数字的平衡，或许是心理的平衡，或许是数字和心理的平衡。因为许多矛盾纠纷所涉及的经济利益无法计算出一个确切的数字。公说公有理，婆说婆有理，当事人都有自己充分的理由和证据。时过境迁，证据不足，链条缺失，或者因目前条件所限，或者因双方诉求相去甚远，无法达成一致。当然有些心理平衡是当事人本身所追求的，有些则需要调解员来启发。在数字和心理之间，打好心理平衡牌，效果甚好。

○ 案例 27

用心倾听　让当事人说完气散
跨省协调　赔款照顾两相情愿

案情介绍

某日正值农历大年三十，某商场门前锣鼓阵阵，鞭炮声声，熙熙攘攘，人来人往，十分热闹。然而就在这喜庆祥和之日，不幸发生了，鞭炮炸伤一名九岁男童，商场代表和孩子的母亲当即将小孩送往医院。经诊断为脸部肌肉挫伤，双方协商春节过后解决。

3 月 15 日，在多次联系商场协商均无果的情况下，孩子的父母愤怒地带领亲戚朋友在商场门前悬挂条幅并堵住门口。所在社区、派出所出面劝阻并进行协调，该商场所属的公司也成立专门调委会，与孩子家长协调处理。但因为双方在赔偿金额上达不成一致，调解陷入僵局。

案情分析

该商场位于老街繁华地段，客流量大，如果纠纷得不到及时调解，当事人积怨会越来越深，矛盾会越来越大，且长时间在商场门口悬挂条幅吸引路人观看，造成交通堵塞，给社会带来不良影响。加快调解进度迫在眉睫，但双方情绪激动、各不相让。到底从哪里切入才能使双方当事人都接受呢?

调解切入

司法所所长通过与孩子父母和该商场负责人谈话，了解到纠纷的焦点是赔偿金额，孩子家属提出的赔偿金额远远超出商场愿意给付的限度。司法所所长和调解员从解决问题出发，不断开导双方，结合情理，耐心调解。一连三天，司法所所长和调解员五次找到双方当事人，赔偿金额从起初的治疗费 15 万和误工费 2 万，降到 8 万和 4 万。终于双方从过激情绪中解放出来，达成协议。

调解攻略

一是积极收集证据，进行大量有效的调查，查阅相关法律条文，参照成功调处的案例。二是权衡利弊，及时调整赔偿金额，尽可能寻找一个能使双方达成一致的平衡点。特别是巧妙的数字转换既压低了总额，又换了态度，换了心情，换了效果，可谓明智。三是稳定孩子父母的情绪，讲明举条幅堵商场是违法行为，不要用无理的方式来解决有理的事。同时又设身处地为该商场考虑，讲明商场如果不及时解决纠纷，会带来更多负面影响，影响销售，得不偿失。争议最终得到圆满解决。

综合评点

孩子父母多次向商场提出赔偿要求，在未获得赔偿的情况下才产生了纠纷，是商场有错在先，才激起受害方过激行为。处理这起矛盾纠纷，稳定情绪成为决定性一关。司法所所长和调解员严格按照调解程序，在当事人平等自愿的基础上展开调解，通过积极做各方思想工作，终使双方坐下来解决问题，实现第一步目标。之后的赔付数额，也就容易谈了。

○ 案例 28

调解员巧调和　抓住双方心思
受害人获赔偿　谅解酒后过失

案情介绍

曹某、王某同为某集团公司职工。一天晚上，曹某过生日，邀请武某等好友在某饭店吃饭。酒过三巡，狐朋狗友们又掷骰子又划拳，醉意正浓。这时邻桌王某过来与曹某等人喝酒，祝贺几句以示友好，但却因话不投机发生口角。借着酒劲，王、曹动起手来，武某等人见状也一哄而上。王某的同桌刘某上前劝架，不料被曹某用酒瓶打伤头部，后经法医鉴定为轻伤，曹某、武某当即被拘留。第二天，矿区分局委托矿区调委会对案件进行调解。

案例分析

曹某过生日邀请朋友吃饭本是一件好事，邻桌王某虽然不是至交，但也是同事，过来祝贺更是好上加好。但在酒精作用下，年轻人失去理智。这类激情打架完全是一时冲动，主观恶意并不大，伤害劝架人刘某，应非故意。虽非故意，毕竟违法。刘某本为好意，却遭横祸，心中当然难以平衡。

调解切入

双方当事人远无怨近无仇，平时没有矛盾，但酒能伤人却一点儿不假。即使曹某、武某被追究刑事责任，对刘某、王某也没有什么好处。如果曹、武二人被以故意伤害罪判刑，不仅要遭受监狱之苦，而且要失去工作，对其个人和家庭都有严重影响。从这个角度劝和应该会产生良好效果。调解员了解到曹、武的弟弟、妻子已积极与受害方沟通，表示愿意赔偿，于是赶紧电话联系刘某、王某，得知二人同样也有通过调解了事的想法，只是担心赔偿不到位，暂不答应。调解员心中有数了。

调解攻略

由于当事人人数较多，为避免面对面调解形成人多口杂的混乱局面，调解员分别做双方当事人工作。对两家受害方分别做调解工作时，调解员首先告知其人身损害赔偿的有关法律规定，同时要求提供相关票据和证据。受害人除了一些医疗费票据外，提供不了其他证据。对刘、王合理的赔偿应当是医疗费、误工费、护理费、住院伙食补助、营养费、交通费等，各项费用加起来不足万元，而他们却提出了共 10 万元的赔偿数额。曹、武虽然愿意共同承担经济赔偿，但对此数额表示难以接受，调解一度陷入僵局。通过与受害方刘、王两人协商，双方达成协议：曹某、武某共同一次性赔偿刘某、王某各项费用 8 万元，其中赔偿刘某由 4 万降为 3 万元、赔偿王某由 6 万降为 5 万元，可以接受。刘某、王某对曹某、武某表示谅解，建议公安机关不再追究其刑事责任。

综合评点

这是一起典型的激情型轻伤害案。近几年来，这类案件呈现日益增多的趋势，其大多社会危害性和主观恶性不大。这起案件中，调解员在赔偿金额上采取“总额略减，分开承担”的处理方法，使双方当事人各得其所，心理上也能承受。这样，既有利于加害人悔过自新，又使受害人及时得到经济赔偿，取得了很好的调解效果。

攻略 15　成本换算——揪住理后利

中国人凡事都爱讲个理儿，这个传统延续至今。过去的理儿更多的是要讨个说法，现在的理儿更多的是分毫必争，生活中这两种理儿经常交错在一起。

现实生活中，不论是追求哪种理儿，矛盾纠纷当事人都难以达到预期目的，个中原因复杂。要么取证麻烦。民事诉讼要求谁提起诉讼谁举证，本地还好说，外地要耗费多少精力？这时间就耗不起。要么请律师，律师费用尽管各地不一，但是至少也要数千元，还不说根据标的要收取其他费用。对于老百姓来说，很多情况下即使有了委屈有了麻烦，也担当不起当事人的角色。再者，执行难是个普遍的老问题。由于各种复杂因素的作用，当赢者也不一定能打赢；打赢了又不一定能把理儿上赢的利益拿到手上。因此，每一个聪明的当事人都会动脑筋，一个纠纷的标的额如果不是太大，如果要花费对等或者更多的金钱来打官司，那就不值得。过去由于时间不值钱，有些人可以为了一丁点死理儿坚持不懈，甚至几十年打一个官司，打到讨吃要饭也不屈不挠的也不在少数。现在时间就是金钱，时间就是成本。年轻人能理清这本账，时间赔不起。当事人讨理儿还是讨利益，有的糊涂有的清楚，有的在乎有的不在乎，调解员要心里有数，善于在查清事实的基础上，与当事双方沟通，讲清诉累与调解的对比，纠缠不休和快刀斩乱麻的对比，进行综合核算。只要把理儿讲清楚，把实际操作难度摆清楚，当事人自己就会从时间长短、利益多少上权衡，追求最大的实际利益。

矛盾纠纷必杂于利害，化解矛盾纠纷要拿捏利害。把理由说周全，把因果讲清楚，令当事人心里明白，有些理儿要清清楚楚，不清楚心里就没有数，有些理儿要有所放弃，没有放弃就没有获得。处理好舍得关系，才是真的为当事人好，而不是和稀泥。工作做到这个程度，就可以把矛盾纠纷当事人引导上费时少、人不累、效果好的快车道。

○ 案例 29

一方急挣钱一方怕诉讼累　天赐良机
围绕趋利避害心理攻主题　双方受益

案情介绍

某年 10 月 20 日，方某驾驶无牌装载机在行驶时，因刹车失灵，将骑摩托车的师某及其儿子、骑自行车的韩某以及骑电动车的吴某撞伤，另外还撞了一辆公交车，韩某和师某伤势较轻，师某的儿子属轻伤，吴某经诊断为骨盆粉碎性骨折，四人均住院治疗。

调解员多次给方某讲情理、讲法理，提示其快速解决纠纷，集中精力经营装载机才是上策，采用诉讼方式要牵扯太多的精力。之后又多次给韩某、师某讲法律，告之诉讼程序的烦琐和执行时可能遇到的困难，双方当事人终于达成调解协议：由方某赔偿师某及其子 28000 元，方某赔偿韩某 3000 元。韩某的赔偿款在调解成功时一次性付清，师某及其子的赔偿款已分三次当着调解员的面全部付清。鉴于吴某受伤较重，调解员组织吴某代理人和方某进行两次调解，第一次调解达成先支付 20000 元医药费协议，该款项于 12 月 29 日付清。经过治疗，吴某的伤势恢复良好，具备出院条件，调解员对方某和吴某又进行调解，不到半小时，双方当事人就达成以 92000 元了结纠纷的协议。

案情分析

由于受伤方人数较多，受伤程度和住院时间不等，情况比较复杂，加之当事人情绪激动，对法律规定了解较少，所提出的调解方案差距较大。因此，需要对每个当事人做思想工作，其中不管哪一个没做通，赔偿金额不满意，都会使连环调解工作功亏一篑。

调解切入

通过和当事人交谈，调解员了解到本案的症结主要是双方当事人过于情绪化。但双方都愿意通过调解来解决纠纷。方某的装载机被扣留在交警队，急于将车取出以便到工地干活挣钱，而受伤方觉得经诉讼程序解决纠纷太费时费力。这样就为调解找到了切入点。

调解攻略

一是用既有的典型案例和本案对比，让双方当事人看一看，比一比，对号入座，根据证据和事实单刀直入，促成双方达成调解。二是稳定当事人的情绪让当事人站在对方的角度多想想。调解员建议方某向其他受伤者及其家属口头道歉，双方终于冷静下来。三是以一个调解员为主做思想工作，其他调解员配合。调解中以法律知识扎实、调解经验丰富的调解员为主，为当事人预测诉讼结果，选择合理的调解方案，同时其他几名调解员当好助手。调解中，调解员处处为双方当事人着想，营造了解决纠纷的氛围。

综合评点

灵活的柔性协调和理性疏导，是调解员必备的技能；坚持依法调解和公道正派，是调解员最基本的要求；热心调解和耐心疏导，是调解成功的基础。调解实质上就是法、理、情的统一，针对不同情况，运用有效方式说服双方当事人，让其能够互谅互让，最终达成协议，达到双赢。随着社会矛盾纠纷的日益复杂，调解员要不断创新调解方法，采取灵活多样的方式机智调解，才能使纷繁复杂的民事纠纷得以化解。

○ 案例 30

讲法律分责任　是非两清
走调解减诉累　利惠双方

案情介绍

某年 1 月 6 日，一辆载有 38 吨煤炭的外省牌照大货车行至某收费站附近时，由于刹车突然失灵，一头撞进村民柳某在路边的二层楼房内，造成房屋部分损坏、货车上两名司乘人员重伤及车辆解体的严重后果。事故发生后，车主吴某与房主柳某就房屋损害赔偿发生纠纷。双方经多次沟通没能达成一致意见。

区调解办接到调解申请后，启动联动联调矛盾纠纷调解机制，成立由区道路交通事故纠纷调委会、区调解办、区法院、交警二大队、司法所、村调委会等有关人员组成的联调联动工作组，对当事人双方进行调解。

案情分析

由于肇事车主吴某是外省人，房主柳某担心找不到吴某，因此不同意吴某将受损车辆拖走。车主吴某因不能及时拖走车辆进行维修，影响营运，遭受很大的经济损失。房主因房屋不能及时维修，影响到二层房屋的整体建造。这是走调解渠道的客观条件。同时吴某曾想聘请律师通过诉讼渠道解决纠纷，但法院认为立案条件不够，双方当事人这才坚定了走调解渠道的决心。

调解切入

区调解办决定采取联调联动的矛盾纠纷调解机制化解此纠纷。通过对此纠纷的分析，发现双方当事人基于对对方的不信任，而害怕私下达成协议后对方反悔，造成更大的麻烦和经济损失，同时又担心通过法律渠道解决会产生诉累。联调联动使当事人免去了这些担忧。

调解攻略

本案采用公开调解方式。一是在充分听取了事故双方当事人的陈述后，调解组成员发挥各自的优势对当事人进行耐心细致的劝导，促使双方当事人达成在评估的基础上协商赔偿数额的初步一致意见。二是与双方当事人进行多次面对面的沟通交流，讲解有关的法律法规。最终双方当事人达成调解协议，车主吴某一次性赔偿柳某 36000 元。一起困扰双方当事人近 3 个月的交通事故赔偿纠纷得以化解，双方当事人均表示满意。

综合评点

联调联动的大调解机制使社会调解力量得以整合优化，在化解各类矛盾纠纷中显示出巨大优势，是对社会调解资源的节省和最大限度发挥。它根据矛盾纠纷的不同性质、类别，对重大、疑难纠纷实行归口调处，集中优势调解资源，充分发挥了专业人员政策熟、情况熟的特点，最大限度地提高了纠纷化解的成功率。这无疑是每个调解员追求的目标，不发挥团队力量，不具备这样的实力。

攻略 16　换位思考——遇事能颠倒

“要想知道，打个颠倒。”这是老祖宗总结出来的化解矛盾纠纷的法宝。矛盾就是矛来盾抵，是对立的。一般来讲，当事人肯定会站在对方的对立面、自己的立场为自己据理力争，从而迷失在矛盾纠纷中，一时难以自拔。身在庐山时，很难“打个颠倒”来思考问题。

在解决矛盾纠纷时，要从不同角度和层面分析研究。因此这里的“换位思考”包含两个方面。一方面，一些当事人因为过分计较自己的利益得失，钻进牛角尖出不来。这种情况下，调解员应提醒当事人考虑自身利益没有错，是应该的，但不要过分考虑自己，只顾自己不顾别人。在考虑自己得失时也要考虑别人的得失，互谅互让。因为矛盾纠纷是双方的事情，所以要懂得有所舍，才能有所得，学会约束自己看到自身利益的界限。另一方面，调解员要站在双方当事人的角度和立场，充分为当事人着想，寻找解决的方法。不仅当事人双方须充分沟通，调解员更要与每一方当事人进行推心置腹的沟通。只有通过推心置腹的沟通，调解员才能拉近与各方当事人的心理距离，才可能获得信任，了解当事人的真实想法和感受，也才可能综合双方当事人的攻守态势，根据法律法规要求，有理有据，有取有舍，合情合理地提出方法。善于换位思考，勇于换位思考，会使一方感到另一方是一个通情达理的人，不胡搅蛮缠，减少许多心理障碍。

有的调解员费尽了心思，却好心没好报，为什么？还是因为没有彻底摸透当事人的心思，或者涉世不深，对当事人心态不够了解。一厢情愿地认为——我是好心给你们做好事，所以我提的意见和建议应该被采纳。事实上，不站到当事人的角度，调解员的意见和建议不仅得不到采纳，甚至会失去信任，双方都认为调解员偏向另一方，这就适得其反了，甚至太失败了。办好事的方式不对，好事办成坏事也屡见不鲜。

调解员站在当事人的立场上，体会其体会，感受其感受，为其思考矛盾纠纷产生的原因，商量解决问题的具体办法，容易实现情感共鸣，也就被当事人当作自己人。如果都是自己人，自己人之间怎么着都好办。那问题还有解决不了的吗？

○ 案例 31

定纷止争　双方情况都考虑
合理赔偿　调得两头均满意

案情介绍

某年 8 月 6 日 6 时许，外省张某驾驶一辆中型普通货车沿国道行驶至某处时，与万某驾驶的车主为另一省马某的重型特殊结构货车相撞，造成坐在副驾驶位置上的宋某当场死亡，程某、张某受伤，两车严重损坏。马某于 10 月 12 日向县法院提起诉讼，要求张某赔偿其车辆损失。

案情分析

经县交警大队认定，张某承担主要责任，马某的司机万某承担次要责任。事故发生后，张某通过诉讼赔偿死者家属近 8 万元。其车没有购买车辆强制保险，张某本人也受伤并止在治疗中，已花费数万元医疗费，面临巨大经济压力。对于马某的赔偿要求，张某除了已损坏的肇事车辆外，没有任何可供执行的财产。而马某也损失惨重，车辆是分期购买的，才运营一年。如果简单判决，在马某一贫如洗、张某承受巨大经济压力的“双难”情况下，不仅张某得不到实际赔偿，法院随后的执行也将陷入困境。

调解切入

本案不仅要实现法律层面的“定纷”，更要实现事实层面的“止争”，就是在充分考虑张某没有可执行财产的前提下，让远在外省的马某得到实际赔偿，而不是在简单判决之后，让马某面对一纸空文，得不到赔偿，而且在两省之间奔波徒增花费。因此，做好调解，让双方当事人互谅互让，是调解工作的切入点。

调解攻略

1. 同情理解法。调解员从当事人角度出发，充分理解其处境和感受，认真倾听其心声，为其想办法办实事，引导其向有利于双方的方向靠拢。张某开始极不配合，不管打电话还是寄传票都不予理会，只说没有钱，任由判决。而马某要求对车辆损失进行鉴定，并按鉴定结论确定的数额赔偿，双方当事人都不同意调解。调解员多次疏导，讲解法律法规，引导他们走调解程序。2. 换位思考法。调解员多次做工作，希望他们站在对方立场上想一想。张某认识到由于自己的过失给马某造成财产损失，使其背负了巨额债务，于法于情于理都应该主动赔偿。对马某，与其共同分析了张某人财两空已无执行能力的实际情况，希望适当降低标准，不要执着于只要现金赔偿，达成了将肇事车辆折抵赔偿的调解协议。3. 多方协调法。法院和交警联手为当事人减负担。双方当事人达成调解方案后，又遇到一个新问题，就是双方车辆在交警队已存放一年，存车费高达 2 万元。经与交警队领导协商，最终只收取 2000 元存车费，两辆车当天被拖走，事情得到圆满解决。

综合评点

本案调解员对案情分析透彻，对调解切入点把握精准，在调解中灵活运用了各种方法，对症下药，环环相扣，促使当事人互谅互让，转变了态度，达成协议，消除纠纷，层层解决问题。这些做法，展示了调解工作者善于运用有利于调解的各种社会资源。

○ 案例 32

邻里建房房压房　该拆还是赔
巧出方案礼相让　先赔再说拆

案件介绍

某年 10 月 9 日，高某翻盖房屋时侵压到邻居董某家部分屋顶，致使董某家屋顶及前墙出现裂痕。裂痕平均宽 2 厘米，最宽处超过 1 寸，裂痕总长 5 米以上。县法院受理，判决高某立即停止侵害，赔偿损失 800 元。双方不服上诉至市中院，经调解双方当时达成协议，但因高某未履行协议，并和董某对协议部分内容产生异议，而后一直未得到解决，致使双方矛盾不断，多次到镇政府、县委、县政府、县法院反映。

案情分析

县委政法委认真查看信访材料，深入法院、镇政府和村里了解案情，积极开展调解工作。双方当事人作为邻居，多年来相处和睦。董某家庭比较困难，高某家庭情况也一般。高某翻盖房屋时没有及时和董某沟通，施工时不慎将董某屋顶侵压，造成房屋墙壁裂缝，但不是故意所为。高某也承认错误，对自己不慎给董某房屋造成损坏表示歉意，也同意给董某一定的经济赔偿，但在拆除被侵压房屋面积上存在异议，使赔偿搁浅。造屋建房都是大工程，或拆或搬都不是小事，但只要高某有诚意，就说明这起纠纷在调解上难度不是太大。

调解切入

如按照市中院民事调解协议，高某必须拆除压在董某房屋上的部分，但这样做，高某要将房顶全部拆除，损失巨大。死板执行法院判决，势必激化双方矛盾。因此，应避开容易引起矛盾激化的焦点，从情理角度切入。

调解攻略

一是教育感化。对高某，通过做实思想工作，发挥亲情友情力量，进行教育，让其明白，在中国不论城市还是农村，盖房子都是一件大事。所以高某盖房并无不当之处，但应考虑到别人家的房屋。作为邻居，既然房屋设计与董家有重叠，不与人沟通实在不应该，致使人家房屋和前墙裂缝，就更不对了，因此，给董家一定经济赔偿在情理之中。董某暂时还无力盖新房，因此可以在生活上给董某帮助和支持。

二是换位思考。说服当事双方将心比心，替别人着想，从而减轻积怨，降低化解矛盾的难度。特别是建议高某要站在一定的高度，主动向董某道歉，不要自己犯错还这么嘴硬。于是董某也表示愿意退让。双方达成协议：（1）高某同意董某在翻盖房屋时无条件拆除所压部分；（2）高某赔偿董某房屋修缮费 1000 元。

综合评点

高某在翻盖房屋时，如能及时沟通，发生房屋侵害后及时向董某道歉并赔偿，纠纷就好化解多了。同时如果村级调委会、镇调解中心及早介入，及时耐心调解，也不会使矛盾进一步激化。可见，对于矛盾纠纷千万不能拖延，更不能不理不睬。在处理本起纠纷过程中，县委政法委依靠协调优势，组织和发挥司法调解能动作用，合力调处双方当事人矛盾纠纷，减轻了诉累，有效解决了纷争。

攻略 17　权利自选——利弊自承担

权利，就是权与利。在化解矛盾纠纷时，权与利分或不分，取决于如何处置才有利于事情的解决。

先说市场经济活动中的权与利。权，是指经营权、使用权；利，是物质利益、经济利益。经营权和经济利益纠缠在一起，其中的当事人既互惠互利，又充满矛盾。目前，合伙开办中小型企业非常普遍，或共同投资经营，或只投资，或只经营，权、利形式多样，内容丰富。合伙人根据自己的能力和实力从事经济活动。合伙使合伙人资源得以优化整合，为获得更大经济利益带来可能，也有利于社会经济发展。同时由于中小型企业欠缺资金、合伙人经营能力不够等，表现出不成熟的一面，或资金掉链，或经营不善，或因经济危机毁灭性影响，造成企业来不及转型或者无力转型，导致合伙人产生分歧，经营不下去，发生拆伙现象。合伙人诉求可能有两个：一是都想撤资任由企业倒闭，一是都想把企业经营下去。调解员要么根据经验提出有效调解方案，要么提供参考案例供当事人参照，要么由他们各自提出想法，然后提出综合方案。都想撤资的情况相对好办一些，对财产进行合理分割即可，当事人不论有好聚好散的心态，还是有恩怨，都愿意及早脱手了事。双方互不让步都想经营下去怎么办？可以在合理分割财产的基础上“竞拍”。

再说家庭生活中的权与利。家庭生活里，每个家庭成员的权利和利益是平等的。然而这个说法是一种理想状态，这个状态经常被打破，因为老病残死的变故，家庭成员便会受到冲击或制约，家庭格局便会因此变化。

家庭是一个情感纽带维系的单位，不同于企业。在这个特殊单位里，权益经常是尊严的代名词，利益是生存的基础。想获得权益，就要在经济上有所付出；想获得利益，就要在权益上有所付出。家庭矛盾中没有你死我活，打通双方心理通道，鼓励自我衡量、自我取舍，使其感觉平衡，一切心理疙瘩便也都不是疙瘩。

○ 案例 33

双方各执其理　以事实证据来说话
得失自有基准　以家庭福祉定利害

案情介绍

吴某从杨某处承包暖气改造工程，双方签署了施工合同。在执行过程中，双方对工程的具体内容和验收标准产生争议，导致工程款迟迟不能结算，由此引发矛盾纠纷。某街道人民调解委员会曾对此纠纷做过多次调解，但双方未能达成协议，且吴某到纪委反映。这起矛盾纠纷如果不能得到妥善化解，将影响近千人的冬季供暖，引发更大矛盾纠纷。

案情分析

矛盾纠纷持续时间已经很长，有几点需要注意：一是双方都站在自己立场上考虑问题，而没有考虑对方，所以针尖对麦芒；二是双方失去耐心，其中吴某由于肩负给工人发工资的责任，又从杨某那里拿不到工程款，压力巨大；三是双方都认为自己正确，杨某是“严格”按合同办事，坚决把好质量关；吴某深知发不了工资，工人会闹事，害怕出乱子。双方都不让步，事情已经有恶化苗头。

调解切入

双方都有良好愿望，这是调解的基础。透过现象看本质，双方表面各持己见、说法不一，但也暴露出共性问题——似懂非懂，即知道合同重要但不会签合同，懂得质量重要但不会保证质量。这可以通过一个办法来解决，就是以事实为基础，看现场，查账目，将双方意见统一起来。

调解攻略

一是面对面摸清事情原委和当事人心理。先约谈吴某。吴某拿出合同，诉说辛辛苦苦干完工程却一直拿不到承诺的工程款，经过多次调解也得不到解决。现在做最后一次努力，如果这次调解还不能解决问题，他会用他自己的方式来解决。而杨某又从自己的角度提出“合理”看法，认为吴某未按照约定施工，有些施工项目质量不达标，而且否认已经支付的工程款。

二是面对面搞清纠纷点，找到纠纷产生的原因。约双方到工地勘查，根据双方签订的合同对有争议的施工内容等共同查看、拍照取证，最终弄清原因：一是合同不规范，部分施工项目没有在合同中写明，导致双方对工程款金额有争议；二是验收标准过于模糊，缺乏可量化的标准，导致双方各说各话；三是双方未对往来明细做仔细核实，导致对已付工程款金额存在争议。

三是做好安抚、教育，保持双方在调解轨道上。由于前面几次调解没有结果，导致双方情绪激动、行为偏激起来，这是一个危险苗头。于是约法三章：双方在调解期间不能私下联系，不得争吵打闹，必须依法维护自己的合法权益，可以走诉讼程序，从而把随时可能激化的矛盾纠纷圈定在理性范畴。

四是权衡事理轻重，指明辛苦经营终极目的。向双方指明：一是做工程本为赚钱，如果动手大闹一场，结果可能坐牢；二是在外辛苦是为了让家庭过好日子，如果出了事，要赔一大笔钱，把家庭拉入苦难深渊，何苦呢。得与失让他们自己衡量，把双方从就事论事的牛角尖里拉出来。

综合评点

本案属于典型的工程合同纠纷，之所以得到了化解，和调解员在调解之前做了充分的准备工作有很大关系。调解不是和稀泥，也不是靠个人影响和职位强压，而是春风化雨般以情教化和专业权威的以理服人。丰富的专业知识和面对面的调解方式，保证了调解全过程在完全透明状态下进行；调解员牢牢把控住节奏，科学疏导当事人情绪，也为理性解决问题营造了良好的氛围。

○ 案例 34

丈夫亡故公公起私心　儿媳闹别扭
亲情在前法理请靠后　公媳乐融融

案情介绍

某年 1 月 18 日，洗选厂职工史某因煤气中毒在家中不幸离世，留下坐月子的妻子和不到满月的女儿。史某的母亲也早在多年前去世，家中还有年事已高退休在家的老父亲。史某在世期间，与妻子吉某共同购置了 108 平方米的房屋。史某去世后，留有保险金、住房公积金、企业年金共计人民币 4 万余元。矿工会为安葬史某给付了 5000 元安葬费。老父亲为帮助儿媳妇照顾自己的孙女，暂时居住在儿媳家中。11 月 6 日，儿媳吉某来到民调办，诉说公公与自己共同生活在一个屋檐下产生了诸多矛盾，认为自己的生活受到严重干扰，要求公公搬出自己的家。

案情分析

受理这件民事纠纷案后，调委会联系到公公，进行了询问，并走访了邻里和相关亲戚，了解到双方当事人纠纷的焦点。公公诉说他为儿子买婚房和装修，以及为儿子处理后事等前后花去近 30 万元，儿子婚前替父亲炒股的余额 2.3 万元也在儿媳手里。

父亲给儿子买房子缺乏相关证据，法律上肯定不予支持。同样，前面提到的儿子所留人民币 4 万余元以及 5000 元安葬费全部归儿媳所有。现在连接儿媳妇与公公之间的亲情缺失了。

调解切入

按照习惯，儿子结婚，父母一般都会为儿子准备住房。老人为儿子买房已欠了一笔巨款。房子在法律上是儿与媳的共同财产，这倒也无妨。问题是儿子死了，老人担心年轻儿媳迟早要改嫁，到头来落得人财两空。这才是老人的心病。不要说老人，这事搁在谁身上都难受。此时儿媳妇态度最为关键，只要儿媳妇做得通情达理，解这个疙瘩就不难。

调解攻略

调解员多次走访儿媳单位，对儿媳做思想工作，请求她看在丈夫、女儿与老人是亲人的面子上，对老人提出的要求做出让步。同时也多次对老人宣传相关的法律知识，也让老人心中明白儿子留下的钱虽然拿不回来了，但也是全部用于孙女身上。最后双方达成和解：房子转到孙女名下，儿媳依法将孙女抚养成人，儿媳将丈夫去世后留的 4 万余元及 5000 元安葬费全部送给公公，儿子婚前替父亲炒股余额 2.3 万元也归还老人。老人以爷爷的名义赠送给孙女 5000 元。随后老人搬出儿媳住处。现在一家人虽不住在一起，但也相互看望，其乐融融。

综合评点

本案调解工作所展示的调解员基本素质的一些主要方面值得肯定：首先，要熟悉相关的法律法规，掌握事情的原委。其次，要有一个保持中立的态度，从当事人的立场出发，趋利避害。再次，要用真心真情感动双方当事人，法律规定是硬性的，但是人的亲情、友情、爱情也是真实存在的。本案中，调解员用亲情感动了儿媳，儿媳放弃了她的一些财物，但她得到的是亲情、社会赞誉，还有女儿以后的尊重。这一调解结局令人感到踏实。

攻略 18　斧正心态——品行补短板

唯利是图、自以为是、高人一等、缺乏责任心等心态，在矛盾纠纷处理中有巨大负面作用。

这一人群中，既有弱势的，也有强势的。这些人或者不顾及自己的错误，要求对方给予不可能实现的经济赔偿，或者对对方的经济损失完全不予理会，或者对对方的家庭困难、死活漠不关心。他们要么认为自己在上面有人，要么家族势力大，处于高人一等的地位，任何时候都认为自己没责任，就是有责任也不负责任，你打不过我、耗不过我，所以不给你赔偿。一些有钱的人，宁可给别人送礼走关系花掉 10 万元，也不赔 1 万元；一些有权的人，认为丢不起人，所以企图利用权势，以显示自己的强权。钱、权、势在他们身上没有发挥正作用，相反释放出负能量，其心态有不同程度的扭曲。需要花费相当长的时期来矫治，使其逐渐回归常态。

针对这类当事人，主要的是对其进行道德教育，传统文化的教育必不可少，应以活生生的例子为主，使之从身边事迹里感到震撼和觉醒，而空洞的说教则没有说服力。

这些当事人明显存在精神断崖，他们维护自身的扭曲尊严，家庭的扭曲幸福。因此，以有利于其个人和家庭发展的角度来感化最容易成功，是解除其“私我”的好武器。通过他们的做事方式对人对己不利，对后代造成不良影响等方面进行劝导，令其在内心深处感到惭愧，良心受到谴责，幡然醒悟，回归正常轨道。毕竟钱不长存势不久在，钱多，势在，人还好，家庭和事业才能长久不衰。虽然这一类矛盾纠纷调处难度大一些，可能使这些当事人面子上下不来，甚至很没面子，但只要点到其穴位，从“保全自我”的角度出发，他们也会积极配合调解工作。这些人中的大多数往往在经济上没有问题，想通了，矛盾纠纷就迎刃而解。

○ 案例 35

事怕颠倒理怕翻　一颠就懂
劝说疏导达谅解　合理赔偿

案情介绍

某年 5 月 9 日某厂职工刘某下班，前往存车处取自行车，因未拿存车牌，该存车处保安王某让其开证明，但刘某因有急事，急于取车，二人因此发生争吵，继而互相厮打。刘某之父即该厂车间主任看到儿子被打，在没有问明事实的情况下，扑上去与儿子一起殴打保安王某，后经医院检查，未造成明显伤情。办案民警通过全面调查取证，认为本案符合调解条件，根据《中华人民共和国治安管理处罚法》第九条规定，对双方当事人进行了治安调解。保安王某获赔偿 4000 元。

案情分析

对于因民间纠纷引起的打架斗殴或者故意损毁他人财物等违反治安管理行为，情节较轻的，公安机关可以调解。适用调解处理的治安案件应具备两个条件：第一，必须是因民间纠纷引起的打架斗殴或者故意损毁他人财物等违反治安管理行为；第二，情节较轻。所谓民间纠纷，是指公民之间的各种纷争。本案双方当事人只是由于存取自行车产生矛盾，继而引起打架斗殴，双方当事人是同事，相互熟识，甚至要长期相处，并没有什么大的矛盾，而且打架并没有造成大的损伤，符合治安案件调解结案的规定。但调解不好，矛盾解决不彻底，不仅会影响生活、工作，还可能会造成矛盾的积累，酿成新的事端。

调解切入

首先，双方当事人自愿接受调解。调解员在缓和当事人偏激情绪的基础上，耐心教育、劝说、疏导。调解员强调，保安是在维护企业本身的利益，虽然言行有些过激，但作为车间主任的刘父，更不应动手打人，而应顾全大局，识大体，及时制止其子对保安的过激行为，并了解事实，予以调解。

“事怕颠倒理怕翻”，一经换位思考，双方都不好意思了，矛盾就得到解决。

调解攻略

调解员现场调解时先顺气灭火，和双方当事人拉家常，不死搬法律法规。说到事实时，不认为保安地位低，而是分别指出双方的缺点，不对其中的任何一方说“这事全怨对方”之类的偏心话。在当事人出现情绪波动时，调解员注重方法，不急不躁，让双方能真真切切感受到调解员在为他们解决问题，从而赢得当事人信任。在这场调解中，不知不觉让车间主任这位“官员”摆平心态，使他感受到在法律法规面前人人平等。

综合评点

该打架纠纷案中，作为车间主任的刘父参与，使调解充满戏剧性。权力是个魔力苹果，肯定好看，不一定好吃，拿捏不好就带来了苦涩。调解员在权力面前经住了考验。此案调解以下几点值得借鉴。一是小案不小认真办。案件虽小，案情虽然简单，但车间主任却是个“大人物”，角色很特殊，一旦处理不当，既会侵犯当事人的合法权益，又会严重影响调解公信力，还会影响调解员威信。调解员在处置案件时，严格按照法律法规办理，不因小案而不负责。二是案件定性及适用法律正确。哪些案件能够调解，哪些案件严格依法办理，是必须严格把握的一个界限。本案因琐事引发，调解员本着化解矛盾、促进和谐的原则，从宽考虑，以调解为主，收到较好的效果。

○ 案例 36

狼狗吃小孩　狗主不赔偿
法律空白区　调解显人性

案情介绍

一天午饭后，崔某的儿子屈屈独自在院子里玩耍。崔妻忙完家务后叫儿子回家午休，寻遍自家院子也没看到儿子的身影。她走到院门外时，发现眼前的空地上一片狼藉，从院门口到房背后的草丛中满是血迹，不祥之感向她袭来。崔妻大声喊着儿子的乳名，但没有听到应答。她拿起一把铁锹，向房背后奔去，眼前的情景让她几近崩溃：在两只大狼狗的利爪之下，儿子已被啃掉半个脑袋。崔妻撕心裂肺，挥舞铁锹向两只狼狗劈过去。邻居们循声而至，也被眼前的一幕惊得目瞪口呆。大家手拿木棍、锄头，纷纷打狗救人，但两只大狼狗没有丝毫惧色，向人群咆哮。接警的民警们也没能制服。16 时 30 分，狼狗的主人郎某被带到现场。经过一番周折，满嘴鲜血的两只大狼狗总算听从了主人的指令。狼狗被处死后，公安、街道司法所所长与某村调解办主任当即组成专项调解工作组，着手调解。但是在调解现场，崔某情绪激动，腰里别着一把菜刀，郎某感到生命受到威胁，混乱之际逃离现场，直到第五天上午被警方找到，才正式进入调解程序。

案情分析

这是一起动物伤人致死的恶性案件，狼狗的主人是一家煤矿老板，是有钱人。他认为咬死人是狼狗的责任，与自己无关，因此拒绝赔偿。案情恶劣，群情难抚，但大多数人慑于老板的势力不敢吭声。由于当时尚无狼狗吃人判例或相关法律依据，调解出现难度。如果处理不妥，必定引发群体性事件，甚至更大流血事件，所以不能怠慢。

调解切入

由于当时没有可以直接依据的法律法规，只能找与其相关的法律，参照《煤矿安全法》和危害公共安全、过失致人死亡等案例。通过商量对策，安抚情绪，调解组最后还是决定先说服狼狗主人，毕竟受害孩子年纪这么小就离开人世，要将心比心，引导肇事方产生同情。

经过多次调解，达成由郎某一次性赔偿崔某夫妻抚养费、精神损失费等共计 35 万元的调解协议，同时在本村发布通知，要求村民对所养的各种狗都注射疫苗，严加约束，防止类似的狗咬人的事件再次发生。

调解攻略

一是攻破狼狗主人心理防线，树立人性关怀的道德底线。狼狗主人郎某之所以不承认狼狗吃人与自己有关，除了不想赔偿外，主要还是缺乏温情。

只有使狼狗主人回心转意，认识到自己的过错，调解才能出现转折。二是警示与后代的关系。与狗主人沟通的过程中，警示他做人不仅看钱财，还有名声。狼狗都把人咬死了，而他竟然无动于衷，别人会如何看待他的人性，他的家风？后代怎么看他？嫁女儿娶媳妇都是问题了。这些说法对于校正“强者”的价值观，震撼其心灵十分重要，即所谓攻心。三是寻求法律依据，协商确定赔偿方案，使受害方得到抚慰。

综合评点

本案调解员在调解过程中，设身处地为受害方着想，苦口婆心劝说肇事方，在充分查阅相关法律法规的情况下，注重据理调解，用情调解。由于当时法律没有对狼狗吃人做出规定，调解员从人性角度出发，提出合理调解方案，使双方当事人最终接受调解。特别是调解员从道德教化的角度，对郎某进行教育，对挽救其灵魂、教育更多人起到积极作用，在当地影响深远。

攻略 19　双赢共利——都好才真好

双赢，是市场经济条件下所有经济活动参与者的追求。利益关系的远近决定了彼此的亲疏。一般有三种关系。

一种是企业之间的关系。合作者之间从来唇齿相依，都是为了在市场上打拼，为了共同利益。抱团共存，才会有各自的发展。现阶段的市场经济还不够成熟，甚至处在摸索期。从事经济活动的企业法人代表，还不能自如应对市场，相反，在追逐利益时容易发生损人不利己行为。同舟共济的企业经营意识，或者共图发展的合作意识，还不够充分。在发展中由于意见相左、合作不顺，或自觉利益分配不公，感到委屈，导致矛盾纠纷。

另一种，是企业和员工之间的关系。有的企业因为老板不善于处理企业和员工的利害关系，分配不公，导致员工不满；有的老板为了自身利益而不惜对员工利益造成伤害，比如克扣工资，引发职工不满；有的企业由于本身没有合法手续，干了活不发工资而把人撵走，造成冲突。还有一种是市场经济发展过程中，企业改制、转型中政策把握不当，造成企业与员工之间的矛盾纠纷和冲突，历史的和现实的问题纠缠在一起，而企业无力解决或者回避。市场经济一旦失衡，就会矛盾丛生、纠纷不断。

还有一种，是企业与当地居民之间的矛盾纠纷。由于过度重视经济效益，而忽略企业所在地自然环境，造成干扰、破坏，也造成冲突甚至对立。这也是一种失衡。经济正在转型，但毕竟是一个长期的过程，其间利益之争此起彼伏，矛盾纠纷也一定伴随而生。

不论是企业和企业，企业和员工，还是企业和地方，都是一种互为依靠的关系。除了对非法企业、危害性企业进行整治或打击之外，更重要的是要维护双方的关系和利益。没有不可调和的，只有没有调解好的。使员工利益得到保护，地方居民利益得到保护，企业本身也得到帮助，才能保持一个地方整体和谐发展，实现同生共存、共赢互利。

○ 案例 37

协议辞退职工反悔怎么办
立足民生兼顾公司无隐患

案情介绍

某县国有煤矿矿井设计能力为 6 万吨 / 年，拥有固定资产 470 万元。全矿有干部、固定职工、全民合同工、农民合同工、农民轮换工、临时工、退休职工（此为过去的划分）共 501 人。该矿于某年经省计委批准扩建为 30 万吨 / 年。后由于煤炭滞销，煤矿停产，30 万吨 / 年的改扩工程也因为资金短缺停建。5 年后，县委、县政府相继出台了开放引进、大项目带动的产业政策。该矿对原干部、固定工实行留矿供养，每月发档案工资的 70%；对全民合同制工人按一年工龄补助 500 元的辞退金，最高封顶不超过 12 年工龄；对其他性质的职工也按相应的政策解除劳动关系。同时，与每位辞退职工签解除劳动关系协议书，发放辞退金和历年拖欠的工资。随后也逐步交清辞退之前拖欠的养老金集体部分。但随着煤炭市场的好转，几年后这部分职工的思想发生变化，认为企业的经济效益与日俱增，于是提出恢复劳动关系、回矿上班、享受医保等请求，并集体上访。

案情分析

这次上访是因企业效益好转而产生的新矛盾，但不可能恢复劳动关系。这类人数众多的群体上访负面效应极大，其不顾已签订的合法协议，虽有不妥之处，但也有一定的理由。不过只能在职工养老金和医保等方面按照有关政策予以解决。

调解切入

鉴于上访职工人员复杂，故分类解决、分层次处理。1. 县政府与煤矿协商，为该煤矿某年 3 月辞退的劳动合同工、农民合同工等续缴养老金集体部分，其中当年3月辞退时男年满50岁、女年满40岁的人员养老金续缴到本人退休之日，其他人员养老金续缴到满15年为止。养老金个人部分由个人负责缴纳。续缴养老金后，由劳动部门发放养老保险手册。2. 由民政局审核，对辞退工人中符合低保条件的，城镇户口人员享受城市低保，农村户口的享受农村低保。3. 工残人员、孕妇及复转军人等特殊情况的，由有关部门逐一调查、鉴定、核实，按国家有关政策分别解决。4. 辞退后又重新找到工作，已办理调动手续的，不在此次解决范围内。对上述解决意见，组织煤矿所涉人员进行联名签字。

调解攻略

合法的公司利益要维护，新问题又必须解决，不能推不能拖。一边是弱势的上访老员工，一方是刚刚从低谷死而复生的企业，怎么办？在处理这起矛盾纠纷时，调解员面对复杂局面，出于原则和人情做了周全理性的考虑。在既维护职工利益，又照顾公司的发展，既承认以往事实，又考虑职工的实际情况的基础上，采取严格按政策办事，又区别对待的策略，把工作做到精细，没有留下隐患，对以前工作是一个合情合理的善后。

综合评点

这是一起由政策变化而引起的矛盾纠纷，按说在政策改变后煤矿已比较妥善地处理好了被辞退职工和企业的劳动关系问题，双方已经两清。但事关民生，在处于弱势的被辞退职工和处于强势的国有企业之间，一时又难扯清楚。调解不好，被辞职工心理得不到平衡，国有企业就难以迈开步伐，抓住机遇，获得重生和发展。因此，在这一特殊时期，社会稳定成了党和政府的第一要务，既要把握政策，又要用足法律，更要协调好社会关系，求得综合发展和进步。

○ 案例 38

现场验证企业噪声污染　认定过错
依法维护社区居民利益　企业改错

案情介绍

某年中秋节期间，一片祥和气氛，某超市迎来了营业高峰。家住城区南大街某社区 A 小区 6 号楼、7 号楼的十余位居民来到社区反映：近日，超市每天晚上装卸货物，隆隆的机器声吵得他们晚上无法入睡，杂乱的噪声有时会持续到凌晨两三点，致使数位居民近日患上了严重的头疼，出现神经衰弱。年老体弱的老人和要上学的孩子更是恨得要命。居民们强烈要求社区出面制止，还他们一个安静的生活环境，严禁超市晚上装卸货物，如果社区不管，他们就集体上访。

案情分析

一方为外资企业，一方为辖区居民。噪声污染严重影响居民生活，居民反映问题时情绪激动，如果处理不好会发生群体事件。同时，如果对企业一方处理不当，又会打击企业积极性，影响招商引资。调解中必须最大限度把握平衡，以求达到最佳效果。

调解切入

经过实地调查，特别是深入该小区居民家中了解情况，证实高分贝的噪声污染确实给居民生活带来不便。有个老奶奶指着茶几上的安眠药，诉说一段时间以来的痛苦。调解员心里有了数，依据相关法律法规，给超市指出其在经营过程中存在的问题，提示其正视自己的错误，配合调解，避免一般纠纷转化为群体性上访事件。

调解攻略

一是共同实地取证。调解员带领居民代表邀请该超市负责人，一起前往事发地查看装卸货物产生的噪音是否影响周围居民的生活。现场有三辆汽车在卸货，工人的喊声、汽车的喇叭声交织在一起，非常刺耳。然后又来到与其仅隔一条马路的居民楼中，让其体验装卸货物的噪音确实影响居民生活，认识到自己的所作所为有不妥之处。

二是依法提出警告。调解员郑重提出：相邻一方不得以噪音等妨碍相邻人日常工作、生活和休息，违反而不听劝阻的，或者有条件排除而不采取排除措施的，则视为民事侵权，要负法律责任。超市方自知理亏，承认了错误，许诺一定改正。

三是巧妙调整时间。经协商，该超市承诺，从当天起装卸货物一定避开中午和晚上，希望接受居民和社区的监督；居民们也做出让步，考虑到企业的经营效益，允许超市最晚装卸到晚上十点。双方利益都得到保护，平安无事。

综合评点

这是一起典型的民企纠纷案。随着市场经济的不断发展，外资企业来中国投资越来越多，在给外资创造良好投资环境的同时，还要照顾广大人民群众的利益。须知处理和协调好外资企业与当地人民群众的关系，也是外资企业健康发展所需要的。该案中，社区调解员以事实为依据，调解手法得当，调解效果明显，既给外企留下了一个良好形象，又保护了人民群众的合法权益，还为企业提供了一个和谐的环境，可谓三赢。

攻略 20　情感环境——共情引共鸣

人是一种情感动物，情感丰富而敏感。生活经验和科学实验都证明，环境可以影响人的情绪。在浮躁环境下，当事人往往不能很好地把控自己，经常发生意气用事的情况；在高压环境下，当事人不是抑郁，就是爆发；在平和环境下，当事人往往谦和礼貌，处事理智。一样的人，一样的事，不一样的环境，调解效果大为不同。因此化解矛盾纠纷讲究情感环境，力求共情共鸣。

如果不远离矛盾纠纷现场，现场的氛围就容易造成多数当事人情绪激动。这类矛盾纠纷就要安排在平和环境中进行调解。调解员有必要给当事人创造一个与矛盾纠纷不相关的场所，创造合适的气氛和恰当的时机，使环境融洽。调解员要忘记自己是调解员，只要记着自己的任务，然后以一种亲戚、朋友的身份，以一种同情者的身份，做出一些温和的行为，比如端茶倒水，以姐弟身份与之交流等，如此则容易被接受。在沟通的过程中，调解员首先是一个非常虔诚的倾听者，以亲近的语言、动作和表情，如理解的眼神，以及平和近人的身体姿势，使当事人看到你的真诚，形成一种信任、理解、关怀的氛围。尤其是调解员对某种情况（就是当事人目前的处境）深表忧虑的时候，共情感就会产生，哪怕心怀敌意的当事人在这种情况下也会渐渐放弃戒备，敞开心扉。

破冰要在春暖花开时。做调解工作要把握节奏，不能着急，不要急于追求效果。除了态度，表情和肢体语言也要有温度，这便是“心灵的春暖花开”，缓慢而有步骤，温暖而有目标。在谈吐上，一定要回避敏感性语言，不能对其造成刺激，掀起情绪波澜，务必把握分寸，保持环境的平和。比如，“你那样说就不对”和“那样做对化解矛盾不利。你来干啥了”，一个含义，两种说法。只有在充满关怀的环境里，当事人才会感受到信任，树立做事信心，主动配合调解。

塑造情感环境，实现三方情感沟通，有不可替代的作用，是化解矛盾纠纷的重要步骤，具体实在的步骤，不仅能缓和双方对立情绪，为调解矛盾纠纷做好铺垫，还能使之冷静表达自己的诉求，帮助调解员在最短时间里理清矛盾纠纷脉络，为寻找调处切入点提供一手资料。

○ 案例 39

小夫妻离婚不离家　定有隐情
调解员慧眼识情深　一捏即成

案情介绍

李某娶王某为妻，婚后生一女。两人因缺乏生活经验，经常吵架，感情不和。婚后第二年 8 月，两人到县民政局协议离婚，并约定当时刚满一周岁的孩子由女方王某抚养，李某每月支付抚养费 200 元。但由于李某也挣不了那么多钱，自己还是“啃老族”，因此提供不了 200 元的抚养费。一年后，王某以李某不支付抚养费为由，将李某诉至法院，要求变更孩子的抚养关系。

案情分析

调解员在调查中发现一个疑问，李某与王某自协议离婚后还一直共同生活了一年多，直到当年 3 月王某才带孩子回娘家居住，4 月王某起诉李某要求变更孩子的抚养关系。双方当事人协议离婚后还一直共同生活，可见夫妻感情并未完全破裂，现因琐事争吵而闹至法院，要求变更孩子的抚养关系，极有可能并非原告的真实意图。

调解切入

在查清案件事实的基础上，调解员决定不简单就案论案，仅仅就孩子的抚养关系应否变更进行调解，而强调一个完整家庭对孩子健康成长的重要性。调解员首先引导这对年轻人回忆两人从相识相恋到结婚生子的美好时光，唤醒其对昔日感情的留恋，然后又跟小两口谈起孩子成长过程中的点点滴滴，从呱呱坠地到牙牙学语，从蹒跚学步到现在左一口右一声地喊爸爸妈妈。在交谈的过程中两个年轻人内心发生了微妙的变化，起初回忆往日感情时还有些拘谨，但一谈到自己的孩子，他们简直有说不完的话，看到这一切，调解员适时地试探道：“为了给孩子一个完整的家，能否考虑复婚？”两人听后都默不作声，表情痛苦。调解员建议两人回去考虑一段时间。几日后，再行调解时，当事双方欣然同意调解员的建议，决定复婚，坏事变成了好事。

调解攻略

首先，打感情牌。情感是夫妻关系的根本，它牵扯双方的心灵，是结仇结爱的地方。调解员在查清案件事实的基础上，找准时机和切入点，塑造和借助情感环境，淡化了彼此仇怨，从而唤起纠纷双方对彼此及对孩子的情感，把深刻而美好的爱情回忆变成联结二人的链条，从而把两人的心重新捆绑在一起，使当事人主动冰释前嫌。其次，揭穿小妻子王某的“阴谋”：她离婚不离家，定有观察李某的想法，旨在促其改变性格，学会生活自理，现在变更女儿抚养关系，也不过是再给“小爸爸”加一码。这是村里岳父岳母管用的花招。“善意的”猜测令小王会意地一笑，未加反驳。

综合评点

一件案子的背后往往有复杂的原因在起作用，更夹杂着双方当事人的想法和目标。本案调解员摆脱就案办案的简单做法，在查清案件事实的基础上，灵活调解，使一起变更子女抚养关系的离婚纠纷，最终以夫妻复婚的大团圆结局收场。就婚姻关系而言，调解结局圆满，是对“调解”二字最人性化的诠释。

○ 案例 40

祸从天降　家庭艰难维持

重情依法　全家和解归好

案情介绍

这原是一个和睦的家庭，张老太已 60 岁，丈夫在某工厂做门房，每月有几百元收入；儿媳侯某身体壮实，勤俭肯干，儿子郝某原先在某石灰窑打工，月工资一千多元，两个女儿已经入学。某年10月，郝某因一氧化碳中毒，成为植物人，出院后在家休养，住院费用由厂方支付，还达成一次性赔偿10万元的协议。老父亲不堪打击，突发心脏病，住院花去5万元医药费，每月需千余元药品维持生命，且心脏病随时可能再次发作。儿子躺在床上，插着进食管，以流食维持生命，屎尿不知。张某与儿媳侯某经营田地，伺候病人，盼望奇迹发生。第二年8月15日，婆媳因家庭低保款发生纠纷，侯某带着两个女儿回娘家居住，向调委会提出分割赔偿款和离婚的请求。

案情分析

从法律角度来看，该纠纷比较容易处理，但从其家庭经济和张某夫妇的现状来看，又不得不慎重处理。如果处理不好，这个家庭势必陷入更大的灾难中。张某形容憔悴，两眼红肿，泪流满面；其丈夫眼神呆滞，双手捂胸。此情此景，着实让调解员揪心。

调解切入

在这个困难重重的家庭里，矛盾之所以到了严重地步，雪上加霜，是因为生存问题导致关系恶化，因此，从亲情出发维护这个多灾多难的家庭，鼓励和支持这一家人是本次切入点。

调解攻略

调解员把婆媳两个冤家召集在一起，特意用原来全家人一起使用的那张饭桌，把话题引导到全家曾经温馨和睦、其乐融融、婆慈媳孝的情境。张老太和儿媳妇都含泪谈起那段日子，那时虽然生活并不富裕，但也扎扎实实，孩子们渐渐长大，在学校学习好，在家里很懂事，日子总还是一天比一天好，有个盼头。攻心第一步实现了，后面的事情好办了。情感环境激发了婆媳二人对好日子的怀念，成功激发双方对矛盾纠纷的反思：钱对于这个家庭确实必要，可是伤害现有的幸福感只能雪上加霜，不能悲观失落，自暴自弃，要靠理智来解决问题，保证人人都生活下去，全家才能好。特别引导儿媳妇侯某，作为家里顶梁柱必须坚强，勇于承担家庭的重任。

有了感情回归，达成协议的难度大大降低。其内容包括：赔偿款10万元、医疗补偿款3万元，应由父母、配偶、女儿三方分割。老父亲治病已经花去8.7万元，侯某没有异议，现予以认定；余款4.3万元，归侯某及女儿，但因老父亲有病在身，侯某同意拿出1万元给二老；郝某看病护养由侯某承担，但侯某无权阻拦父母探望；双方今后分灶分居，土地分种，各自独立生活；两个女儿由侯某抚养成人，女儿为房屋在内的所有家庭财产的继承人，依据郝某的病情，侯某适当时候可招夫为上门女婿，但应与女儿在原处生活，待女儿成家后由其自由选择。

专家评点

这是一个灾难深重的家庭，因为天灾人祸，全家遭受打击，几乎被摧毁。儿子成为“植物人”，老父亲经受不了打击而一病不起。两个顶梁柱都成为失去劳动能力、靠医药为生的人。沉重的生活负担致使婆媳两位女人承受不起，现在形成矛盾冲突也在情理之中。调解员以维护这个家庭的完整，使之能生活下去为目标，依法依情依理调解，尽力挽救这个家庭，其结果还是令人满意的。

攻略21　巧用现场——动心于无声

任何矛盾纠纷都有现场，现场恰如飞机上的黑匣子，有些有物理记忆，有些有感情记忆，有些兼而有之，当然不能忽略。现场有三个含义：一是指直接从事生产、工作、试验的场所；二是指事件或行动发生过或者正在发生的地点；三是指案件、事故或矛盾纠纷发生时的状况，这些状况始终存在于该场所，为物理的或者记忆的。这里的“现场”主要是指矛盾纠纷发生过或者正在发生的地点，或者在某一地方矛盾纠纷发生时的状况。对于当事人来讲，对于矛盾纠纷现场或者憎恨或者讨厌或者愤怒，可以引发对重要情况的回忆；对调解员来讲，借助现场可以纵观事情发展过程，把控矛盾纠纷全局，分析具体问题，有利于发现更多的细节，避免无谓的猜测和推理。

如果该起矛盾纠纷是一件事的结果，则现场有利于调动当事人的清醒认识，更容易引起损害方对自己所作所为的反省，对受害者的同情。如果该起矛盾纠纷是在时间跨度较大的工程进展过程中发生的，比如在修筑高速公路或者桥梁的某一期工程中发生的，考虑到对方利益和对方利益对自身利益的影响，当事一方则会因整体工程进度问题而让步，主动提出配合解决的办法。在这种情况下，调解员最好不要把调解放在调解室里进行，要尽力接近事实，善于使用现场给当事人在情感上带来的震撼，引导弱势或者不满意的一方从全局考虑解决问题的办法，引导当事人在化解矛盾纠纷棋局中，彼此让步，各有所得，促使矛盾纠纷朝好的方向转变，造成和棋局面。调解的最高目标不就是和棋？

现场，是化解矛盾纠纷的助力，又是一把双刃剑。对于矛盾纠纷，有时候，现场具有扭转乾坤的作用，有利于推动当事人的积极心理成长；有时候，现场的作用则相反，推动当事人消极心理积累和爆发。所以，宜审时度势，因情施策，使这把“剑”为己所用，握好用好。

○ 案例 41

诉讼维权太费时　受伤民工眼看要耽误
借助工地来协调　公正快速双方都不误

案情介绍

黄某（男）和未婚妻魏某（女）都是农民工，二人受雇于另一省籍包工头言某（男），同在高速公路项目某县段工地上工作，该项目由某路桥第一工程有限责任公司承建，转包给侯某。某年 10 月 5 日，黄某在一口施工井下进行打孔作业时，井口一石块突然脱落掉入施工井内，砸中黄某右大腿，后黄某被送至医院治疗，诊断为大腿骨折。包工头言某支付 7000 元医疗费后不知所踪，工程承揽人侯某支付 5000 元后也不再过问。黄某需进行骨折治愈手术，手术费高达 1 万多元，而之前工程处支付的医疗费已经用尽，魏某多次找工程项目部、承揽人侯某交涉无果，手术不能及时进行。魏某来到工程所在县法律援助中心寻求法律帮助。调解员受理此案后积极了解案情，多次亲赴施工地找承揽人侯某和工程部负责人交涉，并想方设法联系到之前失踪的包工头言某。经过多次协商，10 月 28 日双方达成协议，言某和侯某共支付各项费用 3.6 万元及拖欠黄某、魏某的工资 9360 元。本案从受理申请到调解结案不到一周，避免了缠诉带来的不利后果，维护了当事人的权益。

案情分析

本案是一起典型的工伤事故赔偿案件。按照一般法律程序来讲应向工程所在县劳动局申请确认劳动关系和工伤认定，就工伤赔偿事项申请劳动仲裁，而仲裁程序一道道走下来需要较长时间。而黄某大腿骨折，急需进行手术，否则面临截肢甚至生命危险，而所需的手术费用却极其高昂。黄某和魏某都是外省农民工，家庭非常困难，没有能力垫付，拿到手术费的要求极为迫切，所以按照正常的诉讼程序进行维权显然要误事，应以最简捷的方式，以最快的速度维权，以解申请人的燃眉之急。所以，用调解的方式完结本案是最明智的选择。

调解切入

据了解，除了魏某对尽快了结本案拿到赔偿款极其迫切，因为这次事故，工地上的农民工也议论纷纷，反响很大。施工方为了不影响工程进度，不动摇农民工的信心，表示愿意接受调解，愿意以非诉讼的方式解决纠纷。一方急用钱，一方急调解，只要公平调解，这起纠纷好解决。

调解攻略

工伤事故案件涉及农民工的切身利益，同时，公司不可能不考虑其工程进展和自身利益。在工地上农民工在场的情况下，当场和施工方、承揽人进行交涉、协商起到意想不到的效果，给公司造成不解决不行的正面压力。调解员刻意选择在工地上调解是正确的，联系到失踪的包工头来分担施工方的赔偿责任也有助于快速调解。经数次面对面的诚恳交谈，又施以法理攻势，双方达成调解协议。

综合评点

在合适的时间、合适的地点，以合适的方式进行合适的调解，需要调解员具备敏锐的判断力和做事的勇气，更需要其具有果敢态度和丰富经验。借助工地，这个矛盾纠纷产生的地方来化解矛盾，可以说风险极高，人人担心。但做得好，可以一箭多雕，既调解了当事人与公司之间的矛盾纠纷，又可以安抚工地上工人的情绪，维护公司利益。一次达到多重效果，有胆有识有成效。

○ 案例 42

民工血汗钱不给不应该
讨法太过急巧妙用险情

案情介绍

某年 7 月至 12 月，云某等 62 名外省农民工在某公司承包的某煤矿工程处干活，从 8 月起就一直未发工资。农民工找项目部索要，项目经理李某承诺待工程完工后统一结算，该煤矿土建科王科长做了担保。但工程完工后，李某并没有支付工资，之后又死于交通事故。该公司拖欠两个月工资 267738 元。

李某的死亡给该煤矿与公司项目部工程款核对带来了困难，云某等人大闹煤矿办公楼，围攻曾为其做过担保的土建科王科长，并殴打上前阻拦的矿方保安，一名农民工甚至坐在 7 层土建科办公室窗户上，扬言若不立即支付工资就跳楼自杀。面对如此危急的情况，县监察执法队对其进行了一个多小时的耐心劝解，成功劝说。县监察执法队找到矿方负责人，与其协商并向其陈述利害关系。当晚 9 时矿方最终拿出当天财务的全部现金，以代为支付的形式向云某等人支付 12 万元工资，在县监察执法队担保下，矿方于 13 日下午在县监察执法队办公室结清余款 147738 元。

案情分析

这是一起典型的建筑施工单位拖欠农民工工资案。《中华人民共和国劳动法》第 50 条规定，工资应当以货币形式按月支付给劳动者本人，不得克扣或者无故拖欠劳动者工资。《劳动保障监察条例》第 26 条规定，用人单位克扣或者无故拖欠劳动者工资报酬的，由劳动保障行政部门责令其限期支付劳动者工资报酬。该公司项目部的做法，明显违背了国家工资支付有关规定，侵犯了云某等 62 人的合法权益。

调解切入

本案中，县监察执法队以该煤矿项目部 8、9 月未按时给农民工支付工资为根据，借用农民工过激“跳窗行为”造成的形势，以若处理不好的后果预测为切入口，让该公司自己做出判断，并依法对其分别下达了调查询问通知书和责令限期改正决定书，责令其尽快支付农民工工资，体现了法律尊严。

调解攻略

一是严格执法。作为执法部门，县监察执法队在处理本案的过程中，始终牢牢抓住该公司项目部拖欠农民工工资的事实，以国家劳动法律法规为准绳，严格执法、公正执法。二是巧用险情。民工跳楼自杀当然是一个极端行为，但也是一个处理问题的机遇，有打动人心的功效。县监察执法队利用该煤矿与该公司项目部承建方与施工方的关系，通过与矿方及时沟通，巧妙敦促矿方使用当天现金代为支付民工工资，解决了问题，化解了冲突。

综合评点

异地农民工工资被扣，老板卷钱逃跑的事，虽然这些年有所减少，但仍时有发生。本案中工程完工后，两个月拖欠20余万元。县监察执法队不辞劳苦，为异地农民工争取血汗钱，反映了当地政府突破狭隘地方保护主义，真正关心当地经济发展，体现了在法律面前人人平等的执法理念，是大胸襟。这是打破地方经济发展瓶颈的基础，招来凤凰的必做之举。

攻略 22　忽略细节——拨雾索真相

细节决定成败，是影响全局而又容易被忽略的物件或行为，考验的是眼光。做任何事情都不能不顾及细节。但在处理矛盾纠纷时，不能只专注于细节，有的时候就需要忽略细节。有时候不理清细节，矛盾纠纷的关键环节就找不到，矛盾纠纷中错综复杂的问题就理不清，就找不到头绪，就找不到切入口，矛盾纠纷也就调不成解不了。这个细节叫关键环节，是细节里的细节。然而，有时候过分纠缠于某些细节，反而干扰了矛盾纠纷的化解，使得调解工作陷入泥潭，这种细节叫细枝末节，纠缠于细枝末节当然影响调解，甚至迷惑调解方向，发生顾此失彼的错误，是“捡了芝麻丢了西瓜”。

判断影响矛盾纠纷进程的细节是关键环节还是细枝末节，应以是否有利于这起矛盾纠纷的化解为标准。如果这个细节远离矛盾纠纷主干，或者不利于矛盾纠纷的化解，这个细节就是细枝末节；如果这个细节是化解这起矛盾纠纷必不可少的环节，那就是关键环节。有些矛盾纠纷当事人为了达到自己的目的，比如为了得到更多物质利益，或顾及自己的名声地位，故意在一些细节问题上绕来绕去；有些矛盾纠纷当事人比较小心眼，在小利益上舍不得放弃，锱铢必较。这些细节都可能使化解工作难以获得进展，停滞不前。陷入这样的状况，不仅容易造成当事人双方矛盾激化，还容易造成事态扩大化复杂化，产生不可预知的新状况新问题。在这种情况下，调解员要敏锐识破这种细节迷雾，特别是要给纠缠于这类细节的当事方做好工作，从而走出“误导怪圈”，引导其在维护其主要利益的情况下，放弃对这类细节的纠缠，回到化解矛盾纠纷的主干上，尽快化解矛盾纠纷。排除细枝末节的干扰，方向明确，脉络清楚，跨过这个有迷惑力的陷阱，化解矛盾纠纷就容易多了。

忽略这些细枝末节，靠睿智，靠眼力，靠本事，更靠胆识。一个成熟的调解员不仅要善于观察，勤于思考，巧于把握细节，更要敢于忽略细枝末节。

○ 案例 43

盯紧事实模糊细节
大额彩礼必须返还

案情介绍

高某（男）与本乡的季某（女）于某年春天经人介绍相识，并确定恋爱关系。相亲时，高某一次性给季某现金 1200 元，另外把亲戚给的贺礼 490 元也送给季某，共计 1690 元，还有皮包、裤子各 7 件。之后，高某在同年 3 月份和 6 月份又先后给季某一辆自行车、一块手表和 200 元。第二年和第四年春节时又分别给季某 200 元。但春节过后，双方来往逐步减少，两人感情淡薄，高某曾多次前去协商婚约，而季某一直置之不理，并说如果两人走不到一起，不如赶紧分手，双方关系名存实亡。高某提出彩礼及各类开支，季某应予以退还。季某却均以记不清楚等种种理由拒不返还，双方关系日趋恶化。

案情分析

本案中涉及的彩礼问题是农村常见的易于引发纠纷的问题。当事人一般不清楚法律对这一问题的规定，也碍于情面，平时不重视彩礼数额的记录，因此在面对纠纷时往往存在很多争议。只有将法律规定讲清楚，当事人才能有一个分析判断的标准，调解员的调解也才具有说服力。

调解切入

调解员找到双方当事人，对彩礼金额进行仔细调查，弄清事实，然后从法律、道德等多方面进行解释、说服、教育，劝高某不要计较一些说不清的细节，否则会伤感情添麻烦；劝季某既然不同意这门婚事，大金额的彩礼就应该还。季某同意返还现金 1200 元。一起因婚约解除而产生的矛盾纠纷，在调解员耐心说服、开导下，画上了圆满的句号。

调解攻略

调解员在调解纠纷时运用了模糊细节法，从而淡化了无原则纠纷，有利于缓解矛盾。当事人双方对彩礼的金额、对双方婚约存续期间的其他财产往来都存在争议。调解员没有立刻进行调查，而是先讲明法律的相关规定。因为除彩礼之外其他琐碎的财物可以视为赠送，调解员建议当事人可以选择放弃请求。这部分财产往来调查起来非常困难，结果也可能不准确，反而使调解复杂，矛盾激化。

综合评点

调解工作是一项细致复杂的工作，同时又不能陷入事无巨细的陷阱。凡事都有一个度，细到过头，粗到过头，都是无度，调解员心中不能事无巨细，应当注意该细则细，该粗则粗。在商定解决纠纷的具体方案时，只要使双方基本的权利得到保障，对一些无妨大节的小事情模糊处理，则有利于提高工作效率，使纠纷双方日后和谐相处。

○ 案例 44

联调办案查原因　各有问题
一让一补止纷争　房主消气

案情介绍

某年 8 月，某上级主管单位组织相关部门对某校校舍进行安全鉴定，鉴定学校厕所为 D 级，存在安全隐患，不能正常使用，令该校进行维修。在维修厕所过程中，和学校厕所紧邻的村民程某发现自家地板有裂缝，认为是该校维修厕所挖土造成的，故多次找学校要求给予赔偿。根据程某的申请，镇综治办组织司法、建设部门、村干部及校长共同到现场调查、评估。调查结果是程家地板有微小裂缝属事实，但与学校施工并没有直接关系。

案情分析

程某房屋是出事 5 年前修建的，而且学校厕所距他家房屋后墙大约有 8 米之远，学校修厕所对其房屋构成伤害的可能性不大，甚至可以排除，因此房屋地板出现微小裂缝有可能是建筑本身原因造成的，但也不排除学校维修厕所对其有影响。

调解切入

本案最终目的是让学校的工程能按期完成，确保学校安全，为学生营造一个良好的学习、生活环境，同时还要从维护群众的切身利益出发，力争实现学校与居民和谐相处。

调解攻略

一是思想沟通。客观讲，学校维修厕所工程对程某房屋构成危害的可能性不大，但又无法排除。同时，当事人的房屋出现裂缝，对其居住肯定造成一定影响。矛盾纠纷搁置在那里，对双方不利。学校厕所不能不建，那是为了全村孩子，当事人安全也不能不考虑。调解员与当事人沟通，希望双方本着和解的目标，不要纠结于细枝末节。学校从维护群众的切身利益出发，主动化解矛盾，及时给予对方一定的经济补偿。

二是达成协议。(1)学校对程某房屋加固后，拿出5000元作为经济补偿。(2)学校声明自补偿之日起，不再挖护墙以内，如违约，校方承担责任；之后程某房屋再出现任何问题与校方无关，程某也不得以任何理由阻拦学校工程，如有违约责任由程某承担。

综合评点

在某种意义上来看，这起矛盾纠纷似乎有些讲不清，但有一点是清楚的，那就是学校修厕所挖了护墙以内的部分土。本案调解员及时介入，主动与双方进行沟通，提出了双方都能接受的补偿要求和善后方案，既保证了学校厕所维修能够顺利进行，又维护了村民的切身利益。

攻略 23　模糊远因——从长来计议

按说一个矛盾纠纷并不复杂，当事人自己也知道，纠缠来纠缠去意义不大，时间久了连自己都心烦。可是，当事人总是解脱不出来。这到底是为什么呢？远因不清是一个主要方面。

远因是怎么造成的呢？某一个矛盾纠纷由来已久，或者中间环节太多，由于当事人认为没有必要或者没有预料到后期会发生的结果，而没有留下文字或者实物证据，结果遇到实质性问题时无从解决，造成矛盾纠纷。远因本身具有很大的模糊性，在争吵中会越来越模糊，久拖不决就自然而然了。而这些远因，由于时间太久，或记忆不清，或中间环节太杂乱，已经无法恢复，当事双方各执己见，确信自己是正确的，哪怕当事人本人努力坚持心态公正，也无法寻求真相。这些细枝末节按照常理是难以恢复的，对于调解员来讲，又是必须克服的障碍。对于婚姻家庭纠纷而言，可能是一种说法；对经济纠纷而言，可能是一种口头约定。只有一些“说法”而无凭据，就难说清楚。显然，远因在处理矛盾纠纷时是一个绊脚石，调解员既需要善于推理，还需要善于否定，更需要善于处置。只要现有的证据和资料能说明问题，有助于解决矛盾纠纷，能避免事态扩大，就按照现有的证据和资料来抓紧处置，对于模糊不清的远因，引导当事人从化解矛盾纠纷大局来考虑，从小我里挣脱出来，早一天解决问题，引导当事人从长计议，跳过毫无价值的远因，走过本来可以跨越的沟沟坎坎。这就是心胸，心胸要开阔。“宰相肚里能撑船”，说的就是这个。

世间许多事情，有的搞清楚了才明白，有的看模糊了才清醒，只要把道理讲清楚了，当事人基本都会顺着调解员的思路走，矛盾纠纷自然迎刃而解。这其实也是当事人所想的，只是需要调解员细心观察，巧妙点拨。

○ 案例 45

土墙难拆难砌　只因心墙太高
拉起两家叙旧　原来关系挺好

案情介绍

某年 10 月，一连几天下雨，让村民侯某急得上火，因为隔开他家与邻居张某家的共用墙经不住雨水的冲刷，轰然倒塌，一片狼藉。天刚放晴，侯某便叫来几个儿子清理垃圾，准备修墙。这时，邻居张某说什么也不让。双方你一言我一语吵得不可开交，最后，张某躺在墙下就是不让侯家动工。说起此墙，谁也说不清是侯家还是张家的，各说各有理，以致近年来两家都在原来的院子重新修起了新房，而隔墙却因为归属问题而年久失修，摇摇欲坠，成了摆在两家心中不可逾越的“心墙”。几任村干部多次协商，都无果而终。10 月 9 日，镇司法所接到侯某申请，开始调解。

案情分析

这是一起典型的因历史遗留问题而引发的纠纷，表面看当事双方互不相让，各谋其利，有些不近情理，实际上也各有其“理”。只要是出于公心，动之以情，晓之以理，公平处理，化解不是问题。

调解切入

首先从查证历史说起。调解员找村支两委干部，详细了解墙的归属，没有得到满意的结果。随后到张家征求意见，张家认为自己有国家 1951 年颁发的土地使用证，隔墙应该归其所有，但证上却没有标明。侯家也有土地使用证，一样看不出隔墙归属。最后村支两委决定协商解决，先让双方当事人各自陈述理由，然后分别做工作，讲解有关法律、法规，讲解邻里和睦相处对两家的好处，逐渐让双方认识到为一点小小的纠纷大动干戈实在不值。

调解攻略

查找依据是正确处理矛盾纠纷的好办法，但本案中由于时间久远无从查找。只有在尊重双方的基础上面对现实，面对墙坏这一事实，让双方明白再争下去除了添怨添仇添乱添麻烦没有任何意义。通过真情感化，巧妙引导，邻里开始共叙友情，认识到现在墙体已坏，影响两家景观，不如齐心协力，两家共建一堵友好墙。

综合评点

邻里纠纷是农村的常见现象，若得不到及时处理，则会直接影响村里稳定。作为本案的当事人，只因一堵小小的围墙弄不清归属，造成多年不来往，甚至发展到经常吵闹，影响了邻里，影响了生活质量。这是当事人自己也不想要的结果。中国农民懂大理识大体。调解员只要把群众的事放在心上，用情调解，一定能大事化小，小事化了。

○ 案例 46

忽略远因　避免麻烦增多
抓住近因　机智化解矛盾

案情介绍

张某在某汽配城院里有一个氧焊店铺，刘某是某氧焊气公司职工，负责送货。张某曾与刘某发生过不愉快的事。某年 4 月 18 日，刘某来送氧气瓶时，张某父子二人因积怨与刘某发生争执，后双方发生厮打。刘某身高马大，张某父子没占多少便宜。正巧张子二舅王某因事来店里，见状操起铁器殴打刘某，致其受伤流血。刘某被医院鉴定为轻伤，要求张氏父子赔偿 10000 元。张氏父子坚决不接受。张某认为，他没有要求二舅帮忙打人，刘某的伤与自己无关。刘某转而要求王某赔偿，王某承认自己打人有错，但不是因为自己的事，所以不能赔偿。刘某决定上诉。

案情分析

王某的行为对刘某已造成伤害，应该说刘某提出的赔偿额合情合理。中国人自古讲究“和为贵”，双方当事人都是普通百姓，打架理由也很简单，就是外甥因小事与刘某拌嘴，心有怨愤，二舅助力，也没有什么大不了的仇恨。如果处理不当，反而有可能使矛盾扩大，恐怕连二舅和外甥之间也会发生不愉快。

调解切入

调解员很快调查清楚事情的来龙去脉。受害人刘某之所以要闹到法院，就是因为在多个环节被踢皮球，无法实现自己的合理要求。对于调解员来讲，围绕受害当事人目标，把切入点放在王某造成的伤害上最恰当。

调解攻略

1. 分析利益圈。张某和二舅是一个利益圈。张氏父子和刘某是一个利益圈。张氏父子因为和刘某积累了怨愤而齐心协力，从而发生厮打，并没有要置刘某于死地，属泄愤之举。张氏二舅在不了解实情的情况下，出手粗野，显然是出于亲情：帮亲人。因为他们对付的是另外一个利益圈的刘某。但是张氏和二舅之间并不是铁板一块，毕竟是两家人，所以当刘某寻求赔偿时，外甥和二舅立马划清了界限，形成对立。外甥认为他没有找二舅来帮忙，所以他没有责任；二舅也傻眼了，因为是帮助亲外甥，所以不担责任。

2. 跨越利益圈陷阱。如果陷入二舅和外甥的争执，必然扩大矛盾纠纷，造成两个严重后果：一个是激化二舅和外甥的矛盾，酿造新的纠纷，影响亲情；一个是刘某受到的伤害得不到合理合法赔偿，最终造成矛盾复杂化。

3. 模糊对调解有影响的远因，直接针对刘某和张氏二舅的冲突结果展开调解。调解员故意模糊二舅王某和外甥的问题，就二舅对刘某造成的伤害开展有法可依的调解，明确指出王某出手打人应负直接责任，并拿出相关法律法规，以事实为依据，以法律为准绳，促使矛盾纠纷成功得到化解，让双方心服口服。同时，批评了刘某狮子大开口的错误，使二舅心里感到平衡。王某为避免刑事处罚，提出赔偿 6000 元和解，刘某接受。

综合评点

百姓之间的矛盾纠纷有多复杂？都比较简单，关键要打蛇打到七寸，分析近因和远因并巧妙运用，化解在点子上。调解员干净利落化解了一起矛盾纠纷，也巧妙地避免了另一起矛盾纠纷，弱化了矛盾纠纷不断扩大的惯性，维护了二舅和外甥之间的亲情。

攻略 24　捕捉细节——落子盘活棋

矛盾纠纷的特征是细碎。在这些细碎的矛盾纠纷里，当事人认为自己合理合法的理由到处都是，每个人都能罗列出一大堆。然而对于调解员来讲，有助于化解矛盾纠纷的细节只有几个，关键的或许就一个。可是细节并不会明显地摆放在那里，更不会贴上标签，可以信手拈来，而需要慧眼来辨识。

细节决定调解成败，因为细节往往是矛盾纠纷的焦点。这细节就是解扣的关键，调解员必须认识到。由于事情本身的特殊性，也由于当事人加入了一些主观要素，甚至故意混淆是非，扭直为曲，夹杂一些额外的因素，使本来简单的矛盾纠纷反而扑朔迷离。调解员如果不对矛盾纠纷做深入研究，不对错综复杂的细节加以梳理，不对矛盾纠纷以外的因素加以捕捉，就可能被某些表面现象误导，陷入矛盾纠纷的谜团，掉进别人设置的陷阱，做出不切实际的判断，提出的调解方案当然不会为当事人所接受，使矛盾纠纷不能得到及时解决，或者不能解决。

善于在秋毫中看见大树，察微知著，是一种本领。只有在纷繁错乱的矛盾纠纷中坚持不懈地思考，挖掘细节，发现细节，通过对细节观察分析，才能发现契机。一般要注意六个方面：闪烁其词的态度，说明当事人在回避某些问题；反复掩饰的言辞，说明当事人是此地无银三百两；不符合逻辑的推断，说明某个细节被忽略了；事物进展的疑惑，说明解决问题所需要的细节就要露出端倪了；明显虚假的案情，说明当事人在故意把调解员引入歧途；调解不下去的环节，或许正是调解员需要破解的难题。

怎样才能发现这些细节呢？挖掘细节需要逻辑推理，把握细节需要生活经验，一针见血指出细节需要眼力，从这一环节看到另一环节需要积累，从笑谈中发现阻碍调解的细节需要技巧，一听案情就知道其可能隐瞒的细节需要对心理的体察。或顺藤摸瓜，或旁敲侧击，或逆向思维，或经验推演，需要长期的打磨、丰富的感悟、勤奋的思考。

挖掘出细节，就等于拿到化解矛盾纠纷的金钥匙，与调处化解已经近在咫尺。

○ 案例 47

外来老汉卖豆腐　不幸遇上大事故
巧续线索查责任　弟酿车祸姐赔付

案情介绍

乐某的儿女们长大后离开农村到各地打工。按说老两口该享清福了，可儿子已经到谈婚论嫁的时候，还得一大笔钱盖房和送彩礼。把两个女儿工资也算上，明后年恐怕也攒不够。于是，老两口去省城郊区租房做豆腐生意。某年 6 月的一天，天还没亮，乐某骑电动三轮车给饭店送豆腐，路过一个丁字路口时，从东面窜出一辆面包车。面包车急拐弯，把乐某连人带车撞了出去，乐某当即昏过去。司机小陈把乐某送到医院，还主动送来 3 万元医疗费。大夫用乐某手机联系到其在异地打工的儿子。一个月后乐某保住了性命，儿子欠下 13 万元的债。小陈一开始还接电话，回话“正在筹钱”，后来就变成一个女的接电话，后来干脆不接。乐某儿子到当地法院起诉，法院判令小陈赔偿 15 万元（包括前面 3 万），但判后小陈就没影了。

案情分析

这是一个交通事故赔偿案。乐某出院后成了残疾人，只能拄拐在家里挪动，所以不可能进省城讨要赔偿款。乐某儿子因为家里欠下巨债丢了女朋友，又担心赔偿款要不到，眼前的工作再丢掉，落个两头空，对这看不到希望的赔偿款也就失去信心，自认倒霉，所以抓紧挣钱。调解法官分析这一状况，意识到若不给予帮助，这个家庭可能经过这一次灾难就很难翻身了。

调解切入

从表面上看这起交通事故赔偿希望不大，距离遥远，来往不便，失去联系，老人残疾，儿子内向，真是困难重重。可是细心的调解法官从小陈一开始积极赔偿到后来躲避赔偿，看出小陈还是一个比较讲人情的年轻人，肯定是在巨额赔款面前遇到了困难。但是小陈那边还有一个替他接过电话的女性，只要能找到这位女性，化解纠纷或许就有可能。

调解攻略

1. 摸清底细，恢复线索。调解法官一开始估计这个女性是小陈的女朋友，但从村里人那里得知小陈还没有对象，倒是有个姐姐，嫁在本村，家境一般。从姐姐口里得知，小陈也积极筹款了，还从姐姐这里借了 2 万元。但毕竟年龄还小，借不到钱，又不愿意给姐姐增加负担，就一溜了之了。

2. 财产保全，姐姐赔付。谈话中得知，三年前姐姐出资帮弟弟买了车，弟弟给别人送货挣钱，姐姐为了给弟弟施压，只把车借给弟弟使用，车主还是姐姐，待他挣钱后再把车还给姐姐。可见姐姐一番苦心。姐姐是车主，这个信息很重要，调解法官指出姐姐在法律上应负的责任，建议赶紧变卖车辆，剩余部分由她垫付。调解法官用长途电话联系乐某，商量酌减 2 万元，则对方当即付款，乐某同意。五天后三方一起签字，达成 10 万元赔偿协议。

综合评点

社会上有好多这样的家庭，想过好日子，却越过越难。乐某不顾年龄已大带着老伴出门打工，本是为帮儿子一把，却给孩子带来一屁股债，弄得自己连生活也无法自理，幸好肇事者也不是那种不负责的人。然而，有责任心没责任能力也不行，小陈因为承受不了巨额赔偿压力，只好逃避在外。在这类交通纠纷调解中，双方出现困难，相隔又远，沟通不便，调解法官的责任心起着决定性的作用。调解法官没有把这个打工仔当外人，既敏锐发现线索，又敏锐捕捉责任，终于柳暗花明。乐某得到 10 万元巨额赔付，在村里引起轩然大波，人们不敢相信这是真的，省城法官的形象一下子拔得老高。

○ 案例 48

为儿卖房配阴婚　儿媳全然不知
情法理德抓焦点　归还儿媳财产

案情介绍

某年 8 月，柴某的丈夫因车祸去世。多年在外打工谋生的柴某回家后，发现其名下的九间房屋在一年前被其 81 岁高龄的公公赵某以 29000 元的价格卖给了同村杨某父子。公公这样做是担心儿媳改嫁，趁着儿媳外出赶紧为儿子配阴婚筹款。柴某将公公和众兄弟连同买房人杨某一并告上了法庭。县法院判决买卖房屋协议无效，令杨某限期返还柴某九间房屋。几乎在法院判决下达的同时，买房人杨某父子又告赵家父子，要求返还购房款 29000 元。县法院判令赵家父子返还杨某购房款 29000 元。

杨某父子以无其他居住场所和退房款未落实为由，拒不腾房。柴某的公公则已将 29000 元卖房款给死去的儿子配了阴婚，名下无任何财产可供执行。有家难归的柴某开始了马拉松式的上访，杨某家人也走上了上访之路，配阴婚案成了街谈巷议的谈资。

案情分析

柴某命运不济，丈夫遭遇车祸，自己背井离乡打工维持家庭，本已十分不易，老公公还背着儿媳妇将住房卖掉为儿子配阴婚，导致一冤两案三方当事人纠缠不清。一环扣一环，执行的难点就在于让柴某的公公将卖房款退还给杨某父子。可柴某的公公坚持认为卖房是为儿子配阴婚，理所当然，对抗情绪极大，再加上其已 81 岁，且名下亦无任何可供执行的财产，无论怎样做工作也无济于事，执行陷入僵局，形成柴某无房住、杨某要不回钱、两家四处上访的局面。

调解切入

调解员从与三方当事人谈话中得知，老公公的三个儿子在这起卖房配阴婚案中扮演着重要角色。杨某父子谈到，在购房过程中赵家三个儿子均已签字，担保房屋将来不会有纠纷，经取证确有三个儿子签字担保一事。于是调解员决定将与此案关联极大的三个儿子并入联调对象。

调解攻略

1. 整合和优化诉调资源。县矛调中心开展“一站式”联调，确保调解过程中遇到的任何问题，都能在同一空间、同一时间得到解决，避免不同单位之间的信息误传或丢失，保证了调处的质量和效率。

2. 抓住矛盾纠纷焦点。在这个连环案中，不论是法院判处的焦点，还是执行的焦点、调处的焦点，都在柴某的公公赵某身上。而赵某因为年龄太大，既无赔偿能力又经不起调解压力。但调解员敏锐捕捉到其三个儿子签字担保的证据，使调处实现突破。

综合评点

从表象上看，柴某的公公无财产可供执行，且由于年龄原因不适于采取强制措施,这是一起典型的“执行难”案件,按一般办案程序已经形成了“死结”。但由于实行了“会诊”、多元调解，保证了此案圆满解决，财产被侵害的柴某的合法权益得到维护。

攻略 25　层层剥茧——溯源理乱丝

百姓之间的矛盾纠纷形形色色，五花八门，不仅有经济的，还有感情的；不仅有物质的，还有精神的；不仅有显性的，还有隐性的；不仅有现在的，还有历史的……这些矛盾纠纷，经常并不以一种单纯的形式出现。

邻里之间的矛盾纠纷经常是多年积怨，比如隔墙的所有权，在老一辈人手里就纠缠不清，由于历史悠久，邻里边界找不到了；婚姻存续期间，夫妻双方亲人坚守是亲人就一定可信的信条，联手搞经营，错误地认为签合同影响亲戚关系，是对亲人的不信任，因此，共同开展经济活动时，只做君子协定，甚至口头协议也不做，结果由于经营能力不够或者思路分歧，遇到实际经营问题时形成纠纷，找不到合法依据，把正常分歧变成纠纷，连当时的“亲情合作”也变成了“阴谋诡计”，亲人变成仇人，夫妻关系也产生裂痕，甚至反目成仇……

这些貌似简单的矛盾纠纷，其实不简单，千头万绪，各种因素层层包裹，交错叠加，使人有一眼望不到头的感觉，犹如一团乱麻，扯不开，理不清。到底从哪里下手？调解员首先要心里有底，那就是遵循法律和政策底线，这是基础，是调解依据。其次，采用逆追顺推法，以矛盾纠纷现状为起点，逆追根源，找到矛盾纠纷的根源：当初都为了好而不是结仇结怨才相处、才合作；顺推结果：闹矛盾，也是想解决问题，为了未来更好，现在却搞得一团糟，彼此纠缠不休，对谁好？使当事人回归理性轨道，保证化解有方向。心有恶意、贪图便宜、过于自我的当事人，则可能节外生枝，为简单的矛盾找借口，恰如裹上层层的茧，一时难以剥离。而逆追顺推往往可以迫使当事人冷静下来，层层剥茧，和调解员一起分析矛盾纠纷的源，寻找矛盾纠纷的头，找隐情，找思路，找到纠结点和纠结源，再展开调解。

○ 案例 49

你欠工资我扣车　冲突一触即发
联调机制茧抽丝　干戈化为玉帛

案情介绍

赵某承包冀某公司的拆迁改造工程。某年 8 月 27 日上午，因承揽拆迁改造工程的包工头赵某拖欠农民工 3 万余元的工资，愤怒的农民工把赵某价值 5 万余元的汽车扣了，赵某为要回车辆报了警。派出所民警了解基本情况后，联系司法所进行调解。

司法所立即与该公司老板冀某取得了联系，对双方进行调解，并达成如下的协议：（1）赵某结清所欠工人工资及工人人身安全保险款项，向冀某交接工程进展事宜。（2）冀某协调工人返还赵某车辆及行车证。双方于 9 月 8 日下午在司法所当场履行了协议全部内容。这起因承包工程引发的劳务纠纷画上了圆满的句号。

案情分析

赵某承包冀某公司的一项拆迁改造工程，并签订工程承包合同，双方只是因为合同履行过程中的机械调配、工人待遇、工程款项问题发生纠纷。冀某以赵某欠其工程款等致使农民工得不到工资为由，唆使在赵某方施工的工人闹事，扣押赵某车辆，却是不合法的。农民工当时的情绪之所以比较激动，是因为涉及自己的利益。

调解切入

该起矛盾纠纷虽然有些复杂，但矛盾的焦点就是钱，冀某要赵某支付拖欠的工资，赵某无钱给付，其私车因此被农民工扣押，一环套一环。这环环相套的纠纷能不能解开，就看能不能实现冀、赵两清。这一对矛盾纠纷一化解，农民工问题随之解决。调解员把纷杂的现象搁置一边，针对焦点对双方进行调解。

调解攻略

一是联调机制效率高。本案发生以后，派出所将此纠纷案迅速交给司法所，司法所当即把双方当事人召集在一起，很快进入实质调解阶段，避免了扯来扯去的现象。二是合理调解效果好。在调解中，调解员不为农民工闹事这一表象所迷惑，寻根探底，直接针对冀、赵提出解决方案，使双方各得其利，避免了走弯路。

综合评点

矛盾纠纷联调机制有效整合了人民调解、行政调解、司法调解职能，在维护社会稳定中发挥着积极作用。“民调进所”是联调机制中重要一环，它在日常调解中有效节约和解放了警力，将公安运行机制导入良性轨道；同时，又通过调解合力有效提高了矛盾纠纷的调处率。这一工作方法已在很多地方被广泛使用，显示了巨大调解优势。当然也要调解工作者善于优化整合，才能最大限度地发挥调解合力。

○ 案例 50

简单纠纷复杂化　背后有隐
分析案情摸底细　点破迷津

案情介绍

某年 6 月某村村委雇外省工程队为村里硬化路面，符某让工程队技术员普某利用闲暇帮忙硬化自家门前的路。同年 9 月，普某去符某家讨要硬化路面的工钱时发生纠纷，符某就将此事打电话告诉其做生意的儿子，符子叫上几位好友一起开车找到普某理论，在理论的过程中符子与普某发生争执，随后符子和其朋友对普某进行殴打，导致普某身上多处软组织损伤，入院治疗。

案情分析

案件发生后，经过派出所调查，案件事实清楚，证据确凿，完全可以通过行政处罚程序进行行政处罚，打击违法行为。但简单的行政处罚只能解决表面问题，很可能引发更多的矛盾。

（1）外省工人普某家境贫寒，性格孤僻，长年在外打工养家糊口，家中有正在上学的幼子和70多岁的老父母，生活艰难。如对符子简单予以行政处罚，几千元的医疗费用就要普某自己暂时担负。如果再因赔偿问题进入司法程序，很可能造成普某的不理解，再次引发矛盾。（2）工程队工人产生情绪波动，担心派出所与当地村民排外，对派出所及当地村民产生抵触。此事解决不好很可能发生更大的斗殴事件或群体性上访事件。另外，由于工程即将完工，工人们有的可能回乡，有的可能再去别的施工地点，处理不妥，一旦发生斗殴，再处理将更加困难。（3）普某担任路面硬化工程队的技术人员，由于其受伤住院，工程已经延误，并间接引发村委与施工队的矛盾，如不及时处理将会使矛盾复杂化。

调解切入

本案的切入点，在于把握当事双方的心理底线，设好路径，给其自由，听其选择。（1）符子的心态。符某的儿子表示合理的赔偿金额能够承受，如果对方的赔偿要求过高则宁愿被行政拘留。（2）普某的心态。普某为外地人，出门打工挣钱很不容易，只表示要求对方赔偿经济损失。（3）老板的心态。因技术员普某被殴打，工程进度受影响，老板的利润随之受到影响，因此他在幕后指使普某要求赔偿4万元，主要作为工程受损的补偿。迫于老板压力，普某不能表达其真实的意愿。

调解攻略

（1）公平公正。对当事人表明调解人的立场，使其感受到调解人会“一碗水端平”，不会偏袒某一方。（2）察言观色。与双方进行深入沟通，把握当事人的心理活动，不盲目发言。（3）环境设置。设置一个良好的调解环境，使当事人的思想、意愿不受外界干扰。（4）调解承诺。直言老板做法不对，并告诉他不必担心施工环境，警方会保证施工顺利进行，让老板放心施工，放下心中的“小九九”。

综合评点

基层派出所受理的案件中大多数是因一些极为细小的事情引发的。但这些看似细小的事情在老百姓眼里却是很大的，有时候很伤财，有时候很伤心。处理此类矛盾纠纷不能单纯按照法律法规处罚，那样只能治标不能及里,矛盾仍然存在,甚至可能诱发更大的矛盾纠纷或性质更为恶劣的案件，导致民转刑。因此，只有深入调查，妥善处理，才能有效化解矛盾，解决问题。

攻略 26　环环解扣——看准关键环

环环解扣，是环环相扣的反义。使用这样一个概念作为调解攻略，是因为在实际生活中，矛盾纠纷经常环环相扣。要化解环环相扣的矛盾纠纷，就得环环解扣。

环环相扣的矛盾纠纷中，可能一方当事人为一人，而对方是多个人，可能在矛盾纠纷发生之前是一个利益共同体，或者本无联系，但因为该起矛盾纠纷牵连在一起。根据实际情况，多个当事人之间，其利益关系可能是平行的，其矛盾纠纷因为某个机遇而产生；可能其矛盾纠纷不是同时发生，而是依次发生，类似多米诺骨牌，发生连环反应。

平行矛盾纠纷是多个当事人集中在一个问题上，比较好处理，既可以一个一个去解决，也可以同时解决。针对这类矛盾纠纷，往往可以调集力量，多方协作，围绕矛盾纠纷核心，对每一方当事人进行说服，一个纠纷点解决了，所有矛盾纠纷当事人的问题便迎刃而解，实现“核心分裂式”调解。纵向矛盾纠纷，则是上一环矛盾纠纷和下一环矛盾纠纷紧密相连，这一环不解开，下一环无从下手，调解就不能深入开展。同时，在所有环节里，重要环节始终决定矛盾纠纷走向。调解员不仅要注意观察矛盾纠纷之间的逻辑关系，反复探索这一环和下一环的关系，还要研究和分析上下环节之间的内在联系，这些因素里面可能就隐含着突破口，这也许就是“断链式”调解。

事实上，矛盾纠纷不是理论上那么单纯，经常是纵向环节和横向环节交织在一起，错综复杂，多个环节交错。不论是平行矛盾纠纷，还是纵向矛盾纠纷，都须高度重视探求起始所在、关键所在，这就是切入点。面对环环相扣的矛盾纠纷，调解员要有极大耐心、细心和勇气，因事制宜。这一类矛盾纠纷经常涉及多个方面，参与协调的部门不止一个，因此需要各方社会力量来“会诊”和分步解决。从调解的组织角度看，调解员要善于组织相关社会力量协作，把多个手指握成拳头；从调解的程序角度看，宜从全局看问题，摸清来龙去脉，制定目标明确的方案，运用策略按步骤攻克堡垒，实现调解意图。各个击破或集中优势，都是环环解扣的好办法。

○ 案例 51

三省四地连环撞车　英雄丢性命
两诉合调分清过失　好人得赔偿

案情介绍

某年 5 月 19 日 23 时许，外省村民杨某驾车行驶到某路段时，天气突然变化，刮起漫天灰尘，路面瞬间被昏黄的沙尘暴笼罩。谨慎行驶中的杨某突然发现前方有一辆大货车停在行车道上，他急打方向盘绕了过去。原来有两辆大型货车已经追尾，司机卡在车里出不来。他赶忙停车施救。施救过程中，又有一辆大货车猛地急刹车停在了后面。正在此时，第四辆大货车急速冲过来撞在第三辆车上，巨大的冲击力一下子把杨某挤压在两车中间，杨某瞬间失去生命，同时失去生命的还有第四辆车的司机。

几方在交警部门调解不成。6 月 19 日杨某的妻子、母亲及儿女向市法院提起诉讼，要求第三辆车司机史某、其车主某集团汽车运输有限公司、第四辆车主某汽车贸易有限责任公司进行赔偿。

案情分析

这是一件三个省份四个地方的车辆在同一时间、同一地点的恶性连环撞车事故。与以往事故不同的是，当事人中有一位是见义勇为者，遭受生命和财产损失。第一位驾驶员和车辆在这起事故中也遭受损失。但这都不是驾驶员所想要的结果，是客观环境造成的，案情十分复杂。面对“碰碰车”式的案情，调解难度非常大。

调解切入

理清当事人之间以及当事人与保险公司之间的关系，是落实赔偿款的基础。调解员与交警部门取得联系，经了解确定前两辆车无责任，第三辆车负次要责任，第四辆车负主要责任。调解员了解到第三、第四辆车都投了保险且都在同一家保险公司投险,因而引导其依法追加保险公司为被告。由于第四辆车的司机是无证驾驶，保险公司可以该理由免除其保险责任，同时第四辆已车毁人亡，赔偿能力也受到严重削弱。在对案件进行细致的分析后，调解员发现第四辆车司机有得到第三辆车保险赔偿款的可能，于是指导第四辆车司机家属起诉第三辆车司机史某及其车主、第四辆车车主和保险公司。第三辆车因为有保险公司理赔，所以对调解建议并无异议，而第四辆车车主以交了保险费为由，要求保险公司承担赔偿。最终，第四辆车车主因自己雇佣无证驾驶司机，也接受了调解方案。为表达对英雄救人的敬意，第三辆车车主还自愿承担了本案的全部诉讼费用，保险公司表示尽快将赔偿款落实到位。

调解攻略

调解员借助扎实的法律知识和娴熟的调解攻略，在看似无望的纠纷调解中，通过缕清事故当事人及相关保险公司之间的关系，分清了连环撞车的责任，从而找到使因救人而牺牲的见义勇为者的家属获得赔偿的途径，使法律责任、赔偿款落到实处。

综合评点

该起交通事故纠纷涉及两案三省四地十一当事人，各当事人之间关系复杂，当属交通事故纠纷中的典型“疑难杂症”。调解员能真正从当事人需求出发，坚持能动司法，不就案办案，充分保护当事人的利益，及时指导当事人合法合理运用法律赋予的权利。为实现顺利调解，调解员积极化解当事人的对立情绪，想方设法减轻当事人的负担，恰当地运用了法官释明权，调解不拘形式，办案方式灵活，展现了较高的素养和丰富的调解经验。同时，这一案件的成功调解，极大地维护了正义，有扶正祛邪的教化意义。

○ 案例 52

肇事者起诉受害人　矛盾裹冲突
多部门联调化纠纷　一环一环解

案情介绍

某年 8 月 11 日夜 12 时左右，司机徐某驾驶车主田某的自卸货车由东向西行驶至某村路段时，因疲劳驾驶与迎面驶来的一辆轿车相撞，又撞入吴某夫妇居住的房屋，致使房屋坍塌，吴某夫妇被埋并受伤住院，屋内物品损坏，造成重大交通事故。经县交警大队认定，司机徐某负事故的全部责任。因双方未能达成赔偿协议，吴某夫妇一方为得到赔偿款，与其亲友、邻居百余人多次阻拦交警部门清理现场事故车辆。车辆所有人田某在多次受阻未能提取车辆的情况下，以车辆被吴某扣留导致营运损失为由，起诉到法院要求赔偿。与此同时，吴某夫妇也提出反诉，要求田某赔偿房屋及物品损失 20 万元，人身损害赔偿另计。

案情分析

一方受害，得理不让人，坚决要求先赔款后放车，态度强硬；另一方却埋怨对方不讲情理，不求实际，无理私自扣车，理应赔偿损失。受害方为及早解决居住问题主张及时赔付，符合情理；肇事方因车被扣受损，依法起诉，也应得到法律支持。因双方处理问题不理智，本案拖延时间较长，造成损失扩大，单纯依法就案办案，很难处理好这起纠纷。

调解切入

本案是一起比较简单的矛盾纠纷案，但双方当事人态度坚决，情绪激动，言辞激烈，所提要求远离实际。调解这起纠纷案要从平抚情绪、冷静和谈入手。只要使双方当事人坐下来，就可以引导其退让，及早解决。

调解攻略

县法院启动了诉讼调解机制，协调乡政府、村委会、派出所等外部力量介入，多头并进，前往两家，开展联调。县矛盾纠纷联调中心组织县委政法委、法院、公安、检察院、法院、信访、乡长、村主任联合调解。政法委书记开宗明义，讲明房屋是生活必需品，汽车是生产工具，生活必需品应优先赔偿。各级领导各展所长，采用面对面、背对背以及个别谈心的方式调解。参与调解的领导边调解，边沟通，经过几轮工作，双方当事人预期的差距越来越小，对立情绪逐步缓解，最终双方达成一致意见。

综合评点

在经济社会深入发展的大转型时代，一些诉讼案往往涉及机制、政策、法律、观念等多方面因素，敏感性、关联性、对抗性、破坏性强，极易引发群体性事件，单纯依靠司法手段，不能完全有效化解。综合问题必须依靠综合手段来解决。在当前有些群众法律意识薄弱、司法手段单一、司法资源有限的前提下，要有效化解多种原因造成的矛盾，需要超越部门和行业视野，多部门联动、全社会参与。

攻略 27　紧扣底线——法规定乾坤

生活里的一些矛盾纠纷，不仅看似没有道理，甚至有些荒唐。人们不禁要问，怎么会这样呢？好好生活就是了，何必自寻烦恼？但这种事就是发生了。这是因为，有的当事人对法律一知半解，或者根本不了解法律程序和条文，找不到解决问题的路径，只关注自己的追求，矛盾纠纷不仅得不到化解，久而久之还会激化。显然，这是一群简单的人把一个简单的事情煮成了一锅怪味粥。

怎样才能从纷杂的矛盾纠纷及其毫无道理的原因里解放出来，化复杂为简单，化混浊为清晰？那就要倚重法律法规。在这种情况下，不仅调解员希望更快更好地利用法律，快刀斩乱麻，就是当事者本人也期望早一点解脱出来。经常是，双方打心底里敬重法律，可是苦于对法律知识一知半解甚至无知而身陷其中。矛盾双方虽然在原因上可能纠缠不清，但结果却很清楚，本来一件不起眼的矛盾纠纷，没有“有理有据”的说法，就会纠缠不休，痛苦不已。每一个矛盾纠纷都有自己的牛鼻子，而且许多牛鼻子就在牛头上，那么明显。为遏制伤害，在调解这类矛盾纠纷时，调解员不仅要搞清事情的真相，更要分清法律责任。分清法律责任，不眉毛胡子一把抓，就牵住了牛鼻子。立足法律，当事人心里有了底，有了界线，就能避免胡搅蛮缠，避免漫无目的地争执。对法律不够了解的当事人，也通过这件事学到了法律，找到解决问题的途径。

优秀调解员是老百姓心里法律法规的代言人，也是明白人。优秀调解员不仅对相关的基本法律法规如数家珍，更懂得应该在什么情况下拿起哪一条法律武器，为当事人指明方向，划定界限，辅以耐心疏导，引导当事人达成协议。善的一面始终是大多数百姓的真面目。

○ 案例 53

依法维护真相　不许胡缠乱扯
自愿达成协议　双方各有舍得

案情介绍

某年 8 月 26 日，村民华某带着妻子刘某到县人民医院待产，产前检查胎死腹中，县人民医院遂给刘某做了剖宫产手术。手术后第二天刘某因高烧不退，转往省人民医院治疗。在省人民医院做了子宫切除手术，康复后，返回县人民医院。华某夫妇入住县人民医院妇产科病房，并开始找当事医生、院领导要求赔偿损失。

案情分析

县卫生局委托市医学会做了医疗事故技术鉴定，结论为：本起医患纠纷不属医疗事故。应该说这个鉴定结果是科学的，经得起检验，而且调解员在调解中也注重兼顾社会效果，对其进行了安慰，但华某夫妇在调解的过程中听不进调解员任何话，要么一次次提高所谓的赔偿要求，要么以上访为要挟，使一起并不复杂的矛盾纠纷有了难度。

调解切入

实行领导包案和稳控，做好训诫是这次调解工作的手段，更是实现调解的切入口。同时，尊重华某妻子刘某子宫受损的事实，参照《最高人民法院关于审理人身损害赔偿案件适用法律若干问题的解释》和六级伤残标准，协调双方自愿达成协议。经谈话，县医院愿意承担伤残治疗费用 108497.67 元中的 50000 元，也愿意免除其在县人民医院住院期间产生的医疗费、床位费等费用，并通过社会救助渠道支付 48000 元。华某夫妇答应自己承担剩余的 10497.67 元，保证不再纠缠。

调解技巧

1.法律底线不能碰。有矛盾纠纷可以调处，但利用矛盾违法胡来也不行。果断定位“本起医患纠纷不属医疗事故”，使调解工作迅速进入正轨。

2. 领导摸底关怀。县委书记在华某夫妇被接回县里以后，亲自接待夫妻俩了解相关情况。这为召开由大调解办、公安局、县医院和法院参加的联席会议奠定了基础。

3. 包案领导演好黑脸。包案领导在关怀华某夫妇的同时，也坚决纠正和制止华某夫妇的无理行为，使他们回归理智轨道。

4. 抓住当事人的心理特点，参照相关法律解释和标准，在法律法规范围里，为当事人最大限度地争取利益，从而赢得双方信任。

专家评点

医疗纠纷处理难、和解难的现象十分突出，严重影响了医疗秩序和社会稳定。医疗纠纷发生后，部分患者不愿意通过正规途径解决，认为卫生行政部门或医院处理不公平，“胳膊肘往里拐”，因此往往采取不恰当方式，这在一定程度上加剧了医患矛盾，导致严重后果。通过第三方居中公正地调解矛盾纠纷，效果好多了。反思这一社会现象，在做好法律法规教育的同时，医风医德仍须常抓不懈，医疗体制改革更有待深化。

○ 案例 54

三角恋爱酿苦酒　人人没平安
倚重法律来调解　三方得平安

案情介绍

赵某（女）与卫某自由恋爱，同居生活。因卫某家庭反对，卫某与赵某分手，后与张某结婚，婚后生活也算甜蜜，且生养一子。但小年轻人离心不离。卫某在县城制药厂上班后仍不时和赵某同居，8 年后赵某也生下一子。哺乳期过后，生活不再那么浪漫，母子衣食住行成了现实问题，于是赵某抱着孩子多次到卫某单位哭闹，要求卫某和其结婚并抚养儿子，而卫某的合法妻子张某坚决不同意离婚。卫某两头为难，苦不堪言。

案情分析

表面看这是一起婚姻纠纷，但事实上卫某和赵某的行为已经触犯法律，构成重婚罪。《最高人民法院关于〈婚姻登记管理条例〉施行后发生的以夫妻名义非法同居的重婚案件是否以重婚罪定罪处罚的批复》中规定："有配偶的人与他人以夫妻名义同居生活的，或者明知他人有配偶而与之以夫妻名义同居生活的，仍应按重婚罪定罪处罚。"重婚罪，是指有配偶又与他人结婚或者明知他人有配偶而与之结婚的行为。本罪侵犯的客体是一夫一妻制的婚姻关系。在客观方面表现为行为人具有重婚的行为，即有配偶的人又与他人结婚的，或者明知他人有配偶而与之结婚的，就构成重婚罪。所谓有配偶，是指男人有妻、女人有夫，而且这种夫妻关系未经法律程序解除尚存续的，即有配偶。所谓又与他人结婚，包括骗取合法手续登记结婚的和虽未办婚姻登记手续但以夫妻关系共同生活的。卫某即属于此。所谓明知他人有配偶而与之结婚的，是指本人虽无配偶，但明知对方有配偶，而故意与之结婚的。赵某即属于此。至于卫某与张某所生的婚生子，与赵某所生的非婚生子，在法律地位上是完全平等的，卫某对两个孩子都有抚养的义务；赵某主张赔偿青春损失费没有法律依据，但要求抚养孩子则合情合理。

调解切入

从法律的角度切入，让卫某和赵某明白其行为已经构成犯罪，打破其于法"蒙昧"的心理，促其醒悟。尽管目前没有人举报，但公安或检察机关是可以主动介入的，如不迷途知返，将会受到法律的惩罚。以此促使双方知错即改，有利于民事部分的调解。通过对相关法律的阐释，双方都明白了自己行为的严重性，尤其是赵某如梦初醒，知道自己也触犯了法律，愿意就孩子抚养部分达成调解协议，并终止原来的同居关系。

调解攻略

晓之以理，以法促民；换位思考，动之以情。通过讲解法律，令其深刻认识到其应承担的刑事责任，对法律产生敬畏，又引导他们自觉地、最大限度地在民事部分互谅互让，达成协议：卫某分三次支付赵某抚养费 13 万元。

综合评点

应该说在纷繁的纠纷中提纲挈领，找准切入点，以刑事追究的让步来促成民事和解的达成，这一做法值得肯定。该处理方法既不违背法律的规定，又保护了合法婚姻，使非法婚姻得以解除；既节约了司法成本，又维护了家庭稳定，可谓点石成金，一人让步，三人得平安。同时本纠纷案反映了一个严重问题，即许多年轻人处理婚姻问题，脑子里几乎没有法律概念，或者只知道皮毛，而不知道日常言行与法律的具体关系，不知后果，普法任务仍然很重。

攻略 28 案例引导——借烛照弯路

案例引导是有效的攻略之一。类似的真实案例，有很高的可信度，由于案例真实，调处效果好，不仅给调解员带来方便，也给当事人提供了借鉴。拿出案例，与当事人坐下来平心静气分析困惑，与之探讨解决方案，结果可想而知。案例最好有好几个，参照效果会更好。

怎样使用这些案例？一是让当事人自己阅读，叫当事人自己动脑筋分析。许多当事人通情达理，或者善于思考，或者对法律法规略知一二。但由于当事人“身居庐山”，调解员一时又难以说服，借助当事人自身的优势和智慧是一个极好的攻略。案例可能为当事人提供化解矛盾纠纷的思路。二是和当事人共同分析案例。调解员所选择的典型案例一定跟本矛盾纠纷有相似之处，如矛盾纠纷内容相似，或者当事人的家庭情况相似，或者矛盾纠纷的调解思路有可借鉴的地方。调解员须吃透案例，了解事情原委、相关法律法规，以及对当事人有参考价值的要点。心中有数，引导才能水到渠成、恰到好处，最大限度发挥案例的作用。当事人由于不从事这方面工作，往往平时不注意这些事情，或者限于文化水平，无法理解案例的本质，所以调解员还要使用生活化语言，耐心讲解，在平等友好的讨论中探讨方法。三是针对矛盾纠纷本身，具体分析其中的利害，与当事人一起商量，告诉当事人，利益，就是“利”和“益”的结合。争取更多的利益是人之常情，但是“利”和“益”在真实生活中又是一对矛盾体。纠纷当事人或是邻居，或是生意伙伴，或是好朋友，以后来往的机会还多，要用长远的眼光看待问题，从发展的角度处理问题。俗话说“多个朋友多条路，少一个仇人少一堵墙”，过分强调“利”而伤害感情，最终伤害的还是“利”。同时说明，一起矛盾纠纷有多种处理方式，走调解之路而不踏入打官司的陷阱，往往是最好的路径。打官司花费金钱浪费时间，是一种不值当的办法，打到底究竟又要怎样？

勤奋上进的调解员不仅平时积累成功案例，还应该收集别人的成功案例，遇事时勤思考多分析，遇同行勤交流多探讨，从各种案例里汲取经验，需要的时候才能运用自如。

○ 案例 55

案例判例作引导　当事人理智权衡
引导还须讲技巧　巧安排终得平衡

案情介绍

凌某等 13 人诉称，省交通厅下发专门文件决定从 1987 年 1 月 1 日起全省拖拉机及畜力车养路费由市、县交通局征收，并责成乡镇交通管理所办理收费业务。根据该文件精神，省交通厅、原地区交通局分别下发文件要求各乡镇配备交通管理员 1 人。经县政府批准，县交通局于 1987 年录用凌某等 13 人，分配到乡镇交管所担任交通管理员，具体负责拖拉机及畜力车养路收费工作。13 人当时都填了新工人审查登记表。几经变迁，因各方面的原因，县交通局一直未将他们正式列入编制，只是每人每月发放 500 元工资，低于省最低工资标准。因此凌某等 13 人要求重新签订劳动合同；解决原告的社会保险问题；双倍支付其 12 个月工资，按上一年度职工人均工资 28469 元支付。

案情分析

该纠纷案中还有一个变故。从某年起，根据《国务院办公厅转发交通运输部等部门关于成品油价格和税费改革人员安置工作指导意见的通知》及《XX 省关于成品油价格和税费改革人员安置意见》，交通局拖拉机征费稽查所人员因政策原因都只能转岗，三年内完成分流。当时正在分流中，凌某等 13 人并不在岗，所以依照最低工资的 70% 计算，每月发放最低生活保障费 500 元并不违法。但由于人数众多，引起社会关注，尤其凌某等 13 人声称如果得不到满意的解决就赴京上访，这给社会稳定工作造成极大压力，必须抓紧妥善处理。

调解切入

调解员充分发挥判例和案例的指导作用，将与本案案情相似或相关的案例或判例向双方展示，让其明白相关法律及司法解释的具体规定，结合其诉讼主张、辩解理由，一一解释，真诚劝解，对症下药，使其心有定数。调解员利用其较高的社会声望和丰富的调解工作经验，经过四个多小时耐心细致的调解，使双方当事人最终达成调解协议：为凌某等 13 人重新安排工作，月工资 840 元，并补足养老保险。

调解攻略

充分发挥判例、案例的指导作用。使用案例、判例时，调解员注意向当事人单方出示，既使当事人参照，获得踏实感，又避免了说服一方的同时助长另一方的气势，从而保持双方利益和心理的平衡，有助于双方接受调解方案。

综合评点

一件案件得以调解，并非易事，是调解员工作经验、心理素质、表达能力、人格形象等全方位的展示。一个成熟的调解员，会从所经历的和别人的成功调解案例中，汲取有效的解决方法。成功的案例就在那里，等待优秀的调解员去选择去运用。恰如一名优秀教师给学生出综合训练题，经过他的解读和训练，才能启发学生思维，促使举一反三。调解员这样做了，调解难题也就迎刃而解了。

○ 案例 56

清算账务理清矛盾　化解合伙人仇怨
竞价调解舍得两全　和谐友好中分手

案情介绍

许某与李某系同村人，某年两人合伙投资某预制板厂。合伙经营前，双方口头约定平均出资、盈余平均分配、债务共同承担。一直到第三年8月之前，两人都合伙顺利。但由于身体原因，李某住院近一年之久，其间许某一人经营预制板厂。李某出院后，双方因财务问题发生矛盾，导致难以继续合伙。第五年3月预制板厂停止营业。之后，许某要求解除合伙关系，诉至法院。

案情分析

首先，应确认双方合伙关系是否成立。本案当事人虽没有书面合伙协议，也没有两个以上无利害关系人证明，但双方均不否认合伙关系的存在，并均认可当初的口头约定。其次，确认合伙财产。当事人对对方的出资均无异议，对合伙经营期间积累的财产、增加的设备、库存财产、存款和所有债权，经法庭核实清算后均认可。再次，确认合伙债务。在确认本案当事人合伙关系成立的基础上，对双方的投资、经营情况、债权债务进行详细的调查核实，双方当事人对合伙债务均认可。

合伙纠纷，属于民事案件中较难调解的一类。合伙人之间的信任非常重要，如果这种信任无法维系，就没有了合伙的基础，势必散伙。从以上分析得知，双方均为扎实做事之人，但因彼此丧失信任，造成纠纷，因此调分比调合更好。

调解切入

显然双方有着良好的调解基础。虽然双方当事人都不想合作下去，但又各自主张自己继续经营，那么本案的切入点就应该是，针对双方合伙投资金额大、经营时间长、账目多而散、账目不规范的实际情况，从清算账目入手，为调解矛盾纠纷打好基础。

调解攻略

首先，利用“理解信任法”进行庭前调解。由当事人自己对合伙期间双方的投资、经营情况、债权债务以及增加的设备、库存财产分别列表，由法庭进行核实，代为清算账目、理清关系，从而化解当事人的恩怨，增加彼此的信任和理解。

其次，采取“举案说法”调解法，给当事人列举因调解不成造成矛盾激化、两败俱伤、财产损失严重的案例，引导双方确立调解意向。针对当事人都想独自经营、不愿放弃的心理，在财产、收益、债务分割无异议的情况下，就预制板厂的经营权展开竞价，最后放弃继续竞价的得到对方的经济补偿，预制板厂由竞价高者获得经营权。双方在和谐友好的气氛中达成协议。

综合评点

矛盾都有主次。本案中，矛盾的主要方面是谁能获得企业经营权，纠结的是两个合伙人因丧失信任而难以理清的财产归属和债务。当事人一味赌气肯定不行，打官司两败俱伤，不理清问题，糊里糊涂合下去则矛盾纠纷会越来越深。找到一个公平解决的办法，把调解主动权交付当事人，矛盾纠纷自然化解，可谓聪明之举。

攻略29　纠正概念——莫打口水仗

调解矛盾纠纷，有许多问题纠缠不清，并不是因为矛盾纠纷本身有多么难缠，经常是矛盾纠纷以外的事情得不到妥善处理，导致走不上调解轨道。这是为什么？有些当事人经常混淆民事纠纷的一些基本概念。概念不清，导致当事人嘴上所表述的和心里所想要的不一致，或者一方故意混淆，使用使自己利益最大化的说法，导致无休止争辩。信息来源有问题，概念理解有出入，调解员费尽口舌也无济于事。这考验的不仅是调解员对矛盾纠纷中常用概念的理解和应用能力，更考验调解员对矛盾纠纷性质的分辨能力。

常见的纠纷中，如赔偿和补偿问题，有些矛盾纠纷当事人不是不理解概念，也不是对矛盾纠纷原因不清楚，而是为了自身利益，有意提出与事实不符的概念，认为赔偿对自己更有利，就选择赔偿来说事，认为补偿对自己更有利，就选择补偿来说事；有些矛盾纠纷当事人，确实对民事纠纷概念不清楚，凭感觉来说事情，也不清楚矛盾纠纷的因果关系，觉得自己受了损失，不论缘由，就是要赔偿；有些当事人，故意混淆是非，打着要求赔偿的旗号来缠访，这种事情也经常发生。比如赡养和继承纠纷中，一般情况下，赡养人即被赡养人的子女等，通常拥有继承权，可以继承。但也不完全是这样，因为《继承法》又规定，被赡养人的遗产继承，有遗嘱的按照遗嘱执行。生活中，没有尽到赡养责任，没有被写入遗嘱的子女，会认为有天然血缘关系，就天然可以继承。一些拒绝承担赡养义务的人，要求继承遗产时竟然理直气壮。当事人往往文化素质低，缺乏基本的法律常识，或品行不好以自我为中心，提出无理要求时还满嘴有理。遇到这些情况，如果对当事人无理要求的根源认识不清，纠正概念不及时，改变不了其认识，最终就会导致矛盾纠纷一时难以调解，甚至调解进行不下去。调解所依靠的概念有其特定含义，是化解矛盾纠纷的依据，当然要让当事人清楚才行。调解员要克服一切困难，让当事人正确使用概念，按规则办事。

这是一场“口水仗”，还是一场“智力戏”。调解员要引导当事人以事实为依据，服从法律法规，使概念与事实相符，从而打通法律渠道、沟通渠道和调解渠道。运用得好，比如把没有根据的赔偿改为有理有据的补偿，对方容易产生同情，在心理上就容易接受，调解就可能出现转机。特别是“无责任补偿”，在特定情况下，具有扬善功能，对于保护弱势群体、化解矛盾纠纷有积极意义，符合国人传统理念。而且落实补偿比落实赔偿，调解起来容易许多。

○ 案例 57

一纸遗赠扶养协议　干儿侍爹二十年
亲女儿竟掠财抢房　学法后幡然悔悟

案情介绍

小马原姓石，与其养父马某在某年签订了一份遗赠扶养协议：小马对马某生养死葬，马某赠予其全部财产。签订合同后长达 22 年的时间里，石某改姓为马，全力照顾马某的饮食起居。虽然小马自己有一个脑瘫的儿子，日子过得十分清苦，但他却善始善终，履行着自己应尽的义务。小马不仅从物质上给予老马照顾，而且让老人感受到有子有孙的天伦之乐，这种精神享受和朝夕相守的照顾是远嫁他乡的两个女儿无法给予的。老马去世后第一天，小马找来老马的两个女儿商量出殡事宜，出殡时间也都定好了，而且通知了亲朋准备给老马办个体面的后事，第二天两个女儿却拒绝让小马参加葬礼，理由是小马不是老马的亲生儿子。昨天还情同手足，今天就翻脸不相认，原因是两个女儿想侵吞老人留下的遗产。这种行为引起亲朋的公愤，大家都表示如果不让小马参与，就拒绝参加出殡。然而两个女儿为夺遗产，六亲不认，只雇两个外人草草葬了父亲，同时把家中财物席卷一空，街坊四邻有目共睹。小马拿着老马留给自己的遗赠扶养协议来找镇司法所。

案情分析

这是一个典型的遗赠扶养协议未执行问题。作为女儿，远嫁他乡，不能尽赡养老人的义务，本是人生遗憾，有人代孝应感激不尽。何况，小马几十年尽心尽力，村里人无人不知，无人不感动。两个女儿对父不孝，对小马不义。幸亏老马与小马签有协议，只要按照法律规定对当事人进行教育，矛盾应该能化解。

调解切入

这份遗赠扶养协议是当事人自愿、合法、真实的意思表示，不违反国家法律规定，又有中间人见证，是合法有效的。小马既有形式上的一纸协议，又有实质上的扶养事实，尽到了应尽责任，老马全部财产应归小马所有，两个女儿对其私自处分和侵吞的遗产有返还义务。

调解攻略

调解员通过耐心细致讲解，让小马明白继承与赡养之间的联系与区别，使矛盾彻底得到化解。调解员提醒两个女儿，小马扶养老马是不争事实，同时应明白，老马在20年前用遗赠扶养协议排除女儿的继承权是合法的，受法律保护。也就是说，女儿已经失去了对父亲财产的继承权。就继承的效力而言，遗赠扶养协议的效力要优先于遗嘱继承和法定继承。概念清楚了，女儿也就知道"抢回自己财产"不再是理所应当。最终双方达成协议：（1）大女儿返还小马10000元，二女儿返还小马6000元。（2）二女儿将老人留下的房屋钥匙交予小马。

综合评点

亲生子女若尽了赡养义务，且无遗嘱、无遗赠抚养协议，继承遗产理所应当。凡事入情还要入理，情理都通才通，情不通则循理循法，这是底线。普通老百姓大多数没想过这些事情，只是习惯地以自以为是的道理来处理生活问题，导致误解，产生矛盾纠纷。可见在农村普及法律常识的任务依然十分严峻。

○ 案例 58

合伙揽活打工挣钱　因病忽亡谁赔偿
好伙伴本共同打拼　换个说法送补偿

案情介绍

符某丈夫赵某与丁某合伙承揽工程挣钱。某年 10 月 28 日下午在县城安装水暖时，赵某突发脑出血，送往县医院抢救无效死亡。符某多次找丁某要求赔偿，但终因意见分歧，村委多次调解无果。符某共有三个女儿，分别上小学和初中，丈夫的打工收入是全家的唯一收入，现在丈夫去世，家里失去了顶梁柱，三个女儿都面临退学的困境，符某十分着急，来司法所请求帮助。

案情分析

赵某在工地安装水暖时，因突发急病死亡，家中还有三个尚在上学的女儿，赵某的死亡使家庭雪上加霜，妻子符某不能不急。但赵某与当事人丁某合伙承揽水暖安装工程,同等按劳取酬。赵某在工作过程中突发病死亡，丁某等人对赵某的死亡是否应承担责任，必须认真分析。

调解切入

调解员与双方谈话，找到了切入口。丁某认为：死者赵某与自己及其他人是合伙承包水暖安装工程的，自己只不过是工资稍微高一些，赵某与自己并不是雇佣关系，所以赵某死后，他没有义务赔偿。符某认为：丈夫赵某是给丁某干活时死亡的，丁某必须给予至少 5 万元赔偿。第二次谈话时，丁某平静下来，认为作为朋友一起在外打拼，友情很深，愿意出 1 万元帮助款，调解出现了曙光。只要能纠正死者妻子符某“赔偿款”这个说法，调处就有希望。

调解攻略

根据当事双方分歧太大的状况，讲完基本道理以后，调解员劝双方好好想想，过几天再说。5 天之后调解员才进行再调解。调解员对丁某说：“你与赵某是多年的朋友，现在赵某不在了，家庭遇到了很大困难，出于朋友关系，你也应该帮一把。”又对符某说：“你丈夫与丁某确实是合伙从事水暖工程，且他又是因病死亡，说成人家赔你钱这说不过去。丁某也有自己的家庭，也很困难，要多了，他也拿不出来。”经过耐心调解，赵某心软了，符某也改口了，气氛缓和下来，双方达成了协议：除已给付的抢救费用 5000 元外，另送 25000 元作为帮扶款。在调解员的监督下，帮扶款当场付清，符某终于拿到了“赔偿款”。

综合评点

本案双方当事人都是农民，家境贫困，赵某的死亡原因主要是疾病。要平息这次矛盾纠纷，根本在其妻符某，符某的认识起决定作用。必须让符某分清：是合伙关系而不是雇佣关系；是因疾病而非因工程而死。这两点讲清楚了，再从人情角度劝说丁某就容易成功了，因为丁某与符某丈夫是多年朋友，作为男性，丁某不可能对陷入绝望的符某不动恻隐之心，走这条路径就容易多了。

攻略 30　救济解困——大爱暖凉心

救济，又称社会救济，也称社会救助，是指国家和社会对因各种原因无法维持最低生活水平的公民给予无偿救助的一项社会保障制度。社会救济是基础的、最低层次的社会保障，其目的是保障公民的最低生活水平，给付标准低于社会保险。社会救济的经费主要来源于政府财政和社会捐赠。解困，是救济的一个结果。

社会上的矛盾纠纷,不仅限于个人和个人之间,还有个人和群体之间、个人和社会之间,矛盾双方在实力上经常不对等。更有出现矛盾纠纷后，因为种种原因，受害方找不到对方，或者对方根本没有赔付能力，执行遇到难以克服的困难，调解结果无从落实。而受害方因为遇到极大困难，甚至连生存都成问题，上访就成为必然。还有些当事人，受传统文化影响，把认死理当作挽救个人尊严的途径，用老话讲，就是“人活着就是活个脸面”，“不蒸馒头也要争口气”。因此，即便倾家荡产也要把官司一打到底，导致本来就困顿的家庭陷入深层困顿。有些当事人不满意合情合理的调解或判决，不顾及反复上访的不利后果，导致家庭举步维艰。这些不仅给对方和自己造成伤害，更重要的是，往往演变为社会问题，这些久拖不决的问题，因为当事人反复纠缠，使得当事人自己和社会机构一并陷入尴尬。

马克思说过：“人不会离开利益来表达自己。”受害方利益遭受损失又无法得到赔付的时候,他们需要寻求终极的解决办法。遇到这类矛盾纠纷，在讲道理上下很大功夫固然重要，将目标放在解决实际问题上，寻求解决问题的具体措施更为实际。一般的劝说对这类当事人不起作用，开空头支票不能触动人心。最好的办法是着眼于解决实际困难，想方设法为其解决实际问题。

在这种情况下，当事人之间的矛盾已经降为次要矛盾，当事人与政府之间的矛盾转化为主要矛盾。围绕其迫在眉睫的经济困境这个主要矛盾展开调解，则能一箭双雕。启动社会救助为当事人解困，是选项之一。

○ 案例 59

一案二地三方人　肇事方查无下落
本乡本土家乡人　得救助困难得解

案情介绍

某年 7 月 30 日，某运输有限公司的大客车在某国道上由东向西行驶时，陈某驾驶自己的小货车相向而行。小货车突然向路中偏，大客车紧急躲避，但已来不及。大客车在与小货车发生碰撞之后，随之向路边宁某的住房撞去，造成两间裂缝，六间倒塌，还造成 4 名乘客死亡，12 名乘客重伤，其中包括司机死亡，小陈重伤，形成特大交通事故。经县法院审理，判令该运输有限公司和小货车车主陈某赔偿宁某房屋修复费、损失费共计 86625.35 元。

案情分析

由于所扣押肇事车辆在本案移送执行前，已折价赔偿给四名死者，所以县法院受理宁某申请后，因陈某无固定财产和收入，无可执行财产；而宁某提供的被执行单位与某运输有限公司不是一个单位，且法定代表人也不一致。一个无可执行财产，一个连被执行人都找不到，无法执行，宁某的经济损失赔偿陷入困境。

调解切入

一方面迅速查找肇事方法人代表下落。查无下落后，又多次组织人员查询被执行单位的地址，并报请上级部门协助查询。另一方面向县委县政府汇报本案执行中存在的巨大困难和宁某存在的巨大家庭困难，建议予以紧急救助，避免宁某上访，增加难度。

调解攻略

一是加大执行力度，在执行遇到无法克服的困难时，向当事人宁某如实说明，得到当事人理解，甚至感激。二是启动司法救助基金，给付宁某47000元救助金，以帮助宁某解决实际困难，宁某表示不再上访，达成协议。

综合评点

这起交通事故与撞房赔偿纠纷并不复杂。但因为事故本身的复杂性和该运输有限公司查无下落，使宁某房屋修复费、损失赔偿无着落。虽无着落，却显示出县委县政府高度的责任心。在找不到肇事方的情况下，果断启动司法救助，使宁某感受到党和政府的温暖和关怀。这也许是不幸中的万幸，也正是宁某感受最深刻的地方。

○ 案例60

查清事实　无理上访为胡闹
仁至义尽　帮办低保息纷扰

案情介绍

田某丈夫阎某受雇于范某、刘某私挖小黑窑。某年10月24日晚，范某乘出租车到窑上换班，发现阎某仰卧于小窑外侧，当即将阎某送到县医院抢救。大夫在组织抢救时问及原因，刘某回答是阎某喝醉了，而大夫在检查时发现阎某已死亡。县医院急诊登记为“心脏病猝死”。

县公安局要求死者家属配合做好尸检，遭到死者兄弟及妻子田某两家拒绝，且田某一口咬定其丈夫死于窑内，属一氧化碳中毒，但又拿不出任何证据，死因难以认定，给定案造成困难。同时，阎某的死亡致使其一家生活难以为继。为此其妻田某多次赴市县上访，甚至干扰县委、县政府主要领导办公，影响正常工作秩序。

案情分析

县委政法委组织法院、检察院、公安等有关人员，召开专门会议研究案情：（1）阎某死亡地点。范某刘某承认阎某仰卧在小黑窑旁边死亡，县医院的急诊记录为“心脏病猝死”，有当时在场的人作证。（2）死亡原因。

初步认为突发心脏病猝死，证据主要有：县公安局的调查、县医院急诊记录、其父亲及其弟兄与徐某等人签订的保证书确认阎某生前确患有心脏病。因其家属拒绝尸检，不配合工作，造成无法确认死因。法医鉴定无外伤、无骨折，排除了他杀可能性。（3）双方协商形成保证书，表明双方私下做过处理，但该保证书无任何法律依据，不受法律保护。（4）双方保证书上的5.6万元保证金分配问题属于家庭纠纷，应通过调解解决。（5）田某本人的赔偿要求，没有依据，不予支持。田某上访的原因只有一条：没法生活，要钱。

调解切入

通过反复沟通，使田某认识到她自己属于无理上访。政府又出于人道主义关怀，通过正常渠道予以救助，安抚人心。同时，建议其通过诉讼渠道解决所要求的赔偿问题。

调解攻略

一是对案情进行冷静分析，明确该上访案的性质，比如既然田某认为有冤，要国家为其化解矛盾纠纷，那么就必须通过尸检等手段，寻求法律依据。二是调解组认真分析田某上访的目的后，组织专人赴该村调查了解田某一家生活困难的状况，建议其向民政部门申请救济。田某在法、理、情的强攻下，对调解工作逐渐有了正确理解，并积极向民政部门申请。在调解组协助下，田某不久办理了低保。

综合评点

抓住田某上访的关键，这就是哲学上的抓主要矛盾和矛盾主要方面，不能掉进对方的“思维陷阱”，要掌握主动权。在弄清事实真相、确定其主要意图后，再为其提供正确的解决渠道，并积极帮助她申请低保，使之失去了“借口”，为息诉罢访创造了条件，事态平息也就顺理成章了。

攻略31　抑强护弱——秉公挺正义

纷杂的矛盾纠纷，必然有纷杂的原因。在法律上讲矛盾纠纷当事人地位平等，追求平等也是人之常情。然而，在实际生活中，矛盾双方当事人由于经济实力、社会地位等不同，在社会上的话语权是不平等的。矛盾纠纷当事双方在人际交往、社会活动和经济活动中，其行为后果不一样。人情或者金钱都可能导致天平偏移，有的当事人甚至堂而皇之威胁对方自己在公检法部门有人，拿钱砸死对方，用势压死对方。这个现实唯有面对，才能改变。

不论是弱势者还是强势者，都既可能以个人的身份出现，也可能以集体的身份出现,还可能以国家单位身份出现。当这两个群体发生利益冲突时，强势群体往往具有巨大的优势，或者克扣工资，或者拖延工资，或者以势压人，或者侵占对方财产，而弱势群体则因为缺乏经济实力，并由于缺乏组织性，缺乏对社会的明确认知，面对强势群体所作所为，往往束手无策，遂以极端行为应对，比如跳桥、跳楼、围攻，甚至有组织地打砸报复，表现过激,以此来索求自身利益,彰显自我存在感。这样不仅不能维护其利益,反而在法律面前，给自己造成二次伤害，恰如震后次伤害。弱势群体从有理变成无理，更冤枉；强势群体从无理变成有理，更猖獗，导致矛盾纠纷发生性质变化，情形更复杂，调解难度加大。

这些弱势群体有这样一些特点：社会地位低、文化程度低、认识问题能力低、解决问题途径少等。

无论多么复杂，多么难，本质上弱势群体依然是弱势群体，过激行为只是弱势群体被压抑的后果,弱势群体得不到保护和帮助，矛盾纠纷就化解不了。一遇到合适时机，就星火燎原，引发群体性事件。面对这类矛盾纠纷，首先要划分责任，有理有据，不含糊。同时要追根溯源，全局衡量，立场坚定，抑强护弱，从根子上解决问题，消释冲突，这便是社会大爱。

○ 案例 61

摸清心思左劝右谏　防踢球
说服强势劝导弱势　化怨仇

案情介绍

某年 7 月 10 日，某高速公路工程队拉回一车钢管，委托房东丁某找人帮忙卸货。丁找来 4 个人，其中有本村村民代某。卸车时，代某被丁某抽出的一根钢管砸到右脚，导致其右脚大拇指骨折、骨劈。代某拖着伤脚在家里躺了一个月，也无人问津。代某找到丁某，丁某说："你是给高速公路工程队干活，又不是给我干，出了事得让他们管。"代某又找到工程队，其负责人董某说："谁叫你干活由谁负责，与我们无关。"总之，踢过来踢过去，就是没人埋单。

案情分析

本案中的代某很冤枉，他是被房东丁某找来帮忙的，丁某替代某说话理所应当，但丁某一推了事，认为他自己也是给人帮忙，所以直接找工程队最合适。而工程队则不买代某的账，甚至还把责任推到房东丁某身上，有点说不过去。

调解切入

由于房东和工程队董某都不想承担赔付责任，在赔付问题上推来推去，表面上看都有道理，但都是歪理。要调解好这起纠纷，必须理清谁是最大受益者：房东得代某之助，董某得房东及代某之助。因此，调解员把矛盾调处方向集中到最终目标董某身上，不被一枝一叶障目。

调解攻略

这起"钢管砸脚"纠纷案情况虽然简单，但其中关系却不简单。调解员首先理顺代、丁都是给工程队帮忙这点，事情一下子就简单多了。

调解员耐心地对工程队负责人董某讲："代和丁都是给你帮忙，代又是在干活期间受的伤。何况丁家经济拮据，瘦死的骆驼比马大，你手头分一点，就够他治伤。否则从事理到实力，你都说不过去！”经过反复劝说，工程队答应配合。

其次又针对代某的伤情，劝说代某做出让步，不要狮子大张口。最后由工程队出2000元给代某治伤。调解员带着董某拿着2000元，又喊上房东登门看望代某。代某一家人感动得热泪盈眶。

综合评点

这起纠纷案绕来绕去，争议焦点是谁给代某出钱治伤，难点是丁某认为他是帮工程队干活，纯粹是做好事，让他出钱不合理；工程队则认为丁某是为工程队干活，但工程队并没有让丁某喊代帮忙，代某是帮丁的忙，丁可以领情，工程队不领情。但活儿是工程队的，受益方也是工程队。调解员机智灵活，拨云见日，成功调解。

○ 案例62

心倾弱者面对强者　依法速判顺民意
苦口婆心千辛万苦　促成双方达协议

案情介绍

某年春节来临前，某县法院受理了某煤业公司诉吕某等12名外省农民工案件。案件先由该县劳动仲裁委员会仲裁，农民工胜诉。但该公司不服，提起诉讼，要求撤销裁定，其理由是已经向第三人唐某支付工资，农民工们应当向唐某索要工资。这使满心欢喜的农民工感到震惊和失望，不仅对公司愤怒，对法院也愤怒，认为“人向有钱的，狗咬穿烂的”，县法院一定是跟公司一起欺负他们，怒气冲冲找到县委。双方对立情绪严重，涉案人员众多，案情复杂。

案情分析

农民工作为弱势群体应当受到尊重和保护。该煤业公司与吕某等12名农民工签有劳动合同，依法应当支付工资，并保障农民工合法权益。县劳动仲裁委员会依法裁定由该公司支付工资是正确的。公司将工资交由第三方唐某支付，而唐某溜之大吉，责任在公司，错归公司。

调解切入

县法院一方面做好 12 名农民工的稳控工作，另一方面七次深入该公司讲法律讲政策，积极稳妥做调解工作，并积极查找另一利害关系人唐某。一边是置法律政策于不顾的企业，一边是据理讨要血汗钱的农民工，在多次调解未果的情况下，法院判决该公司支付工资。随之，县法院再次深入企业做判后息诉工作，要求该公司积极履行义务。该公司在三天内支付全部工资，农民工们踏上返乡之路。

调解攻略

1. 树法律权威，依法立起社会底线：千言万语、千方百计、千辛万苦宣讲法律政策，让企业懂得社会责任，既促进企业规范工作制度，又促进单位化解矛盾纠纷，使强势一方尊法服法。

2. 将纠纷案调解作为一项系统工作来做，发挥多渠道、多途径配合调解的优势，依情依理依法，合情合理合法，情、理、法三者交融，避免机械办案。

3. 把调解理念贯穿始终，避免“只见树木不见森林”，避开“公司已支付给第三人，农民工找第三人索要工资”的陷阱，抓住关键不放。

综合评点

随着经济发展，城乡一体化进程加快，各种矛盾纠纷也随之增加，而且矛盾纠纷更加错综复杂。在调解中必须在关键“枝节”上下功夫，避免无理纠缠；努力帮老百姓争取应得利益，真正做到“解矛盾，化纠纷”。

攻略 32　定位主责——牵牢牛鼻子

经济活动错综复杂，矛盾纠纷当事人之间的经济关系也错综复杂。由于当事人合同意识不强，或者根本就没有合同意识，使得本来比较简单的矛盾纠纷陷入复杂状态。而当事人之间争争吵吵，又加入更多感情因素，使得矛盾纠纷更像一团乱麻，随着时间推移，调解越来越难，搞不清到底是谁的责任。

经常有这样的情况，工程往往是经过多次承转，一老板二老板三老板之间的关系已经非常复杂，来自农村的农民工更是搞不清楚在为谁干活，只是听从直接工头的安排。如果有合同，还好说。但经常是，民工和包工头之间并不存在合同，合同意识淡薄。而最底层的包工头，要么自己都搞不清与上一级老板的关系，要么即便清楚这一层关系，主动权也掌握在更上一层老板的手里，状况比农民工好不了多少。同时，直接与民工有关系的包工头，往往由于素质不高，对民工挑选不到位，或者对民工基本技能培训不到位，导致工程建设的质量不符合要求，进一步加剧矛盾纠纷。不同层面老板之间的纠纷只是生意纠纷，无生计之虞，最终吃亏的是农民工。农民工们在外辛辛苦苦，到节假日，特别是年关或者工程结束的关键时期，工资却被拖欠，甚至白干一场。包工头们不是无力解决，就是故意克扣。农民工陷入劳而无获的困境，发生群体讨要血汗钱的事件。

没有合同或协议，受害人即便有损失有冤屈，也无从得到帮助。比如把握不准“老板层”各个环节之间的关系，农民工工资的源头就找不到，如果再有一些别有用心的老板相互推诿或故意从中作梗，就更保证不了矛盾纠纷的解决，也就不能使相关法律法规产生威慑力。因此，遇到这类矛盾纠纷，主要的不是调解矛盾纠纷，而是要搞清老板与老板之间的关系，还应该抓住民工使用者——包工头与民工之间的关系。用工单位和农民工之间，有没有合同？符不符合合同规范？谁和农民工之间存在有法律依据的关系？直接关系还是间接关系？是直接，直接关系是怎样的？是间接，间接关系是怎样的？这些关系搞清楚了，该承担责任的人或法人就找到了，即可依法依规化解了。

不论经济关系多么眼花缭乱，定位了主要的、直接的责任，法规便有了落脚点，调解工作也就有了着眼点。

○ 案例 63

速度太慢效率低　被撤工人何处讨薪
一转二转都不怕　抓住发包方最要紧

案情介绍

某年 4 月 15 日，胡某等 6 名外省农民工来到某市大调解办投诉某工地项目部拖欠其工资，共计 21400 元。

调解员了解到，该 6 名农民工在去年 10 月初到某工地项目部做外墙保温。这里面的层层转包关系是：某项目部将项目承包给某公司，某公司将外墙保温工程分包给包工头胡某。胡某带领农民工在工地干活，12 月 8 日外墙保温基础工程干完后，该公司根据与包工头胡某之间的协议预付 80% 的工资款，约定剩余 20% 工资款经监理验收合格后付清。这年 4 月初胡某带领王某等 6 名农民工再次来到某项目部工地领工资，该公司说外墙保温工程存在问题，让胡某带领农民工赶紧维修。维修期间，该公司以速度太慢为由要求胡某撤出工地，并以没有维修完毕为由拒绝支付余款。万般无奈，6 人到市大调解办投诉。大调解办找到发包方负责人，希望尽快让农民工拿到应得的工资。

次日，发包方负责人主动来说明情况：（1）胡某等 6 人的工资是按每平方米 16 元计算。（2）农民工来工地干活一个月，均未与单位签订劳动合同。（3）该单位也未给农民工投保。大调解办依据法律规定对发包方进行说服教育并从中调解。当天下午，胡某等 6 人拿到了工资。

案情分析

本案是农民工讨薪纠纷。承包方在层层转包中违反法律规定，将工程转包给没有施工资质的包工头。由于农民工没有经过培训，导致发生质量和进度问题，进而造成纠纷，影响到农民工工资的及时发放。

调解切入

从发包到承包到工程质量不过关，其中包含利益层层交错的现象。虽然工程质量有问题，但承包方也存在用人把关不严的问题，切入点就在此。抓住包工头不具备用工主体资格的问题，找到解决问题的关键环节，调处工作就顺利进入和解阶段。

调解攻略

大调解办充分运用自身优势，一是找到发包方和承包方弄清来龙去脉，定位发包方，使调解有对象；二是依照有关法律法规，按程序办事，准确抓住层层转包中违法的事实不放，依法树威，使调解有根据，从而实施以调为主的策略，起到一调即解的效果。

综合评点

在本案例中，该单位违反了劳社部发〔2004〕22号《建设领域农民工工资支付管理暂行办法》第十二条“工程总承包企业不得将工程违反规定发包、分包给不具备用工主体资格的组织或个人，否则应承担清偿拖欠工资连带责任”，违反《中华人民共和国劳动法》第五十条“工资应当以货币形式按月支付给劳动者本人。不得克扣或者无故拖欠劳动者的工资”，违反劳社部发〔2004〕22号《建设领域农民工工资支付管理暂行办法》第七条第一款“企业应将工资直接发放给农民工本人，严禁发放给‘包工头’或其他不具备用工主体资格的组织和个人”。只要做到法威与调解并举，配合使用，这类纠纷不难解决。这要求调解工作者熟悉和熟练运用法律法规。

○ 案例 64

用工用人两处都推托
用工单位该付躲不过

案情介绍

外省农民工水某等 46 人，于某年春节后受雇于劳务公司，在未签订劳动合同的情况下，到某市水泥厂扩建工程工地工作，近三个月一直未领到工资。农民工多次找用人单位和用工单位讨薪，劳务公司拒不给钱，水泥厂说钱已给劳务公司，各方互踢皮球，讨薪一直无果。

农民工找到当地司法所。调解员热情接待并认真听取了他们反映的情况，做了翔实记录。眼看天已黑，农民工兄弟身无分文，调解员特意让家人准备一顿晚饭，让农民工兄弟冰冷的心有了一丝温暖。

调解工作一波三折，用人单位和用工单位相互推脱责任不说，在千辛万苦确定用工单位之后，用工单位又以资金不足为由不予支付。农民工又相约到市政府和省政府闹访。调解员将农民工带回司法局，并紧急联系省市相关部门协助，农民工兄弟终于拿到工资。

案情分析

由于未签订劳动合同，且涉及用人与用工两个单位，所以案情较为复杂。同时，因为人数众多，三个月工资数额巨大，关乎 46 个家庭的生计，如果处理不好，容易使矛盾激化。面对群情激愤的闹访局面，单靠司法所力量不够，应加大力度。

调解切入

寻找切入点十分不容易。应当由谁来负责发放工资，这一问题纠缠不清，各说各理，尤其是在没有劳动合同的情况下。经过几次深入了解，调解员改变思路，放弃那些纠缠不清的问题，认为用人单位并未签订劳动合同，那就不应当抽取佣金，于是排除用人单位，转而直接与用工单位进行磋商。用工单位接受调解，并先行支付生活费 1 万元，剩余工资 3 天内付清。

调解攻略

一是借力使力。这次是借上级之力。司法所在调解工作产生压力出现困局情况下当即上报司法局，并紧急联系省市相关部门给予帮助，为调解提供了极大方便，增强了调解力量。

二是理清关系。调解员经过一番周折，终于分清用人单位和用工单位的责任，准确落实责任，瞄准主要目标，找到切入点。这样就把干扰调解工作的很多次要问题搁置一边，使调解目标明确，调解步伐也加快。

综合评点

拖欠农民工工资问题是一个客观事实。原因是多方面的，但结果只有一个，就是农民工兄弟遭罪，容易演化为社会问题。面对这样的问题，一定要注意安抚农民工，避免矛盾升级。渴望合法所得又不可得的群体，容易被激怒。齐抓共管，各部门通力协作，是矛盾纠纷得以妥善解决的好办法，也使农民工感觉有所依靠。特别要善于在纷杂的矛盾中找主要矛盾，在复杂的关系中找关键点，才不致陷入纷繁的现象中。千变万化，抓紧关键不放手，想方设法解扣子，没有解不了的矛盾纠纷。

攻略 33　主辅策应——组团攻坚堡

一样的运动员，教练不同，比赛结果大不同，那是因为策略不同，战术不一样，最终团队释放的能量就不一样。针对当事人多、成分复杂的矛盾纠纷，优化调解资源，实现团队调解，尤为重要。这是一门大学问。双方都是个人；一方的人数较多，甚至力量悬殊；双方人数都较多，形成群体对立。后两种情况，特别是在场面混乱的情况下，任何一个调解员仅凭个人力量都难以驾驭局面。调解力量不够，调解不及时，调解力量使用不恰当，都可能导致局面恶化，甚至一发而不可收拾，发生越调越乱的问题。

面对这种局面，要迅速摸清以下基本情况：一看矛盾纠纷的当事人到底是谁；二看矛盾纠纷的症结在哪里；三看矛盾纠纷受害方经济损失有多大；四看受害方诉求标的距离实际有多远；五看双方当事人实际的经济状况；六看当事人双方的社会关系；七看当事双方的亲朋网络。

不同的个人在矛盾纠纷中所担当的角色和发挥的作用不一样，要根据情况部署调解力量。针对主要或关键当事人，如利益损害严重、经济需求迫切，或者情绪过分激动、情况十分紧急，或法律意识淡薄的，安排调解经验丰富的、有威信的调解员进行说服。这些调解员压得住"茬"，拍得了板，做得了主，可信度高，能稳住局面。对于矛盾纠纷中次要当事人，也不能忽视。其一个想法可能导致矛盾纠纷恶化，趋于白热化。在当事人看来，关键时刻还是亲人靠得住，利益一致的人靠得住。这是影响调解效果的重要因素。但这些被视为主心骨、靠得住的人，也并非都不讲道理不识大体。调解员要认识到这类人群的重要性，寻求其中的贤达开明之士，化为调解骨干力量，动摇其核心，从而化解"幕后"力量。

理清矛盾纠纷相关链条，迅速安排对口人员，或同时上手，或根据调解进度先后上手。先解决核心当事人的认识问题，或者先解决周边人的认识问题，做到有主辅、有衔接，下好一盘棋。运用好各类社会调解力量，才是调解高手，才是有效组织者。

○ 案例 65

民工拾荒遭遇掩埋　陈尸闹访
真情安抚赔偿救助　告慰亡灵

案情介绍

某年 8 月 23 日下午，外省民工宋某在雇主冯某承包的垃圾填埋场拾荒时，不幸被突然塌陷的土掩埋。事故发生后，当地区、乡两级政府迅速组织公安、消防等人员全力搜救，同时成立事故调查和处理领导组。经过数小时的搜救，于当晚 12 点多找到被掩埋的宋某，但宋某因被掩埋时间过长，已不幸身亡。

死者家属情绪非常激动，在事故现场哭闹不止，非要雇主出 100 万，否则就要抬着尸体到省政府去告状。而雇主的垃圾场运营不景气，资金有限，很难满足死者家属的要求。从深夜一直到第二天上午 10 点多，死者家属及其老乡守在尸体旁不让工作人员靠近。事态非常紧急，稍有不慎就会引起家属的过激行为。

案情分析

由于正值三伏天，尸体长时间暴露在室外容易腐烂，产生新的问题，所以调解工作必须抓紧时间，尽快解决矛盾，尽快妥善处理尸体，以防发生瘟疫。按说死者属于工亡，应当按照工亡事故处理。但其家属情绪激动，群体事件一触即发，必须考虑老百姓的情绪。最大的问题是雇主冯某作为个体户，一次性无法拿出高额赔偿款。这就要求调解工作不仅要有力度，更要灵活。

调解切入

调解组首先确定此类事件的法定赔偿数额，并把调解组分成三个小组，同时找死者家属及亲人分别谈话，以期找到平衡点。调解组立即展开“攻心战”，各小组调解员与调解对象接头，各个击破。

调解攻略

1. 安抚。各领导分工协作，分别对死者的父亲、叔叔和妻子进行劝解和安慰。全国优秀调解员程所长担任主调，与宋某妻子沟通。她拉着死者妻子的手细心安慰，讲解人身损害赔偿的规定，并告诉她政府对此事的处理决定和救助决定。死者亲属情绪慢慢缓和下来。

2. 劝解。调解员将亲属劝离事故现场，换到另一个地方进一步详谈。副区长向死者家属表示深切同情，并告诉他们只要承诺主动配合政府将尸体及时运往殡仪馆，政府就会给予其七万元的救助。

3. 救助和赔偿。司法所所长具体讲解了人身损害赔偿的标准和计算方法。死者家属终于接受赔偿，并感谢当地政府的全力搜救及救助，接受政府提出的调解建议。

综合评点

这是一起普通的工亡赔偿案件。由于死者家属情绪激动，尸体暴露时间长，对案件处理提出了高要求。调解组以丰富的法律知识为武器，以法律规定为原则，有礼有节，采取多渠道尽快补偿死者家属，一方面实现了法律对弱者的维护，一方面实现了法律的高效能，达成了各方都能接受的协议。本案第二个亮点是调解组采取了极有效的调解方式，针对死者家属人数多且所提要求不合理的情况，对家属分别进行调解。一方面提高了死者家属对调解组的信任感，另一方面将不切实际的过分要求化于无形，达成一致，体现了调解组驾驭复杂局面、协作配合、运作高效的成熟调解艺术。

○ 案例 66

亲戚好友帮忙　意外伤亡
讲情也得讲理　顺利安葬

案情介绍

某年 3 月 7 日，村民郑某对自家旱井进行修缮，请私交甚好的同村村民付某帮忙。付某下井过程中，绑在腰间的井绳突然断裂，坠入井底。付某被送往县医院抢救，但终因伤势过重，抢救无效死亡。

事发第二天，在村委主任的主持下，双方本着互谅互让的原则达成如下协议：（1）郑某给付家补偿金 8 万元，在入土前一次性付清；（2）郑某帮助付家耕种三年；（3）郑某付给付家丧葬费 1 万元，这个数额在当地绰绰有余。郑某当场将 8 万元交给付某妻子，五天后死者顺利安葬。

案情分析

郑某是请朋友修理一下旱井，本不是什么大不了的事；付某是为朋友帮忙，人来人往的事很正常。但出了这事，产生利益和情感纠纷，心理就不容易平衡。这给调解员出了一道心理测试难题，既要把握好双方当事人的心，还要把握好“拿捏”的度。

调解切入

因为是好朋友，所以才随叫随到，相互帮助；因为关系铁，所以付某不幸身亡后，郑某才满怀愧疚，为朋友处理后事不分昼夜。这种感情，相信付某妻子也能感受到。调解人员从好朋友感情角度入手，将当事人双方控制在理性轨道上，这就为和解开辟了通道。

调解攻略

一是兵分两路，摸清底细。一路由村支书带队，到郑某家了解事情的详细经过，试探其想法，并动员其主动帮助死者家属料理后事，做好感情铺垫；另一路由村主任带队赶往死者家中，安抚家属，倾听他们的意见，摸清他们的心理底线。

二是推心置腹，替人着想。在郑某家里，村干部推心置腹：“你要人家帮忙，人家二话不说就来了，现在出了事，人家家里少了顶梁柱，你看人家孤儿寡母的不可怜？所以多出点钱也在情理之中，要不你心里也过意不去，是不是？”在付某家里，村干部安抚其妻：“出这么大的事谁也不愿意，郑某这两天忙里忙外的，也很尽心，两家平时处得就不错，他家的日子也不宽裕，以后的日子还要靠乡里乡亲来帮衬，不能因为钱就成了仇家。如果漫天要价，本来有理的事，反而让人戳脊梁骨，就不好了。”

综合评点

相互帮助本是传统美德，但近年来因帮工致残致死引起的赔偿纠纷在农村时有发生，处理不好，往往会使本来私交甚好的两家变成仇人，甚至会大打出手。本案纯属一起意外。发生后，由于村干部及时介入，兵分两路相互配合，探情况摸底细，巧妙化解，最终处理得入情入理，两家在陷入仇恨之前，矛盾纠纷得到顺利化解。这是调解员责任心和调解艺术综合作用的结果。

攻略 34　稳局扭势——做到理智信

处置群体性事件要先稳住局势，做到理、智、信。所谓理，就是做到理性，不为情绪化场面所震慑，不乱局；智，就是机智，从混乱中理出头绪，找到处置思路，有方向；信，就是提出决策、想法，有可行性，能实现。对话要语调平稳，思路要始终清晰。当然这需要经验、阅历和担当精神。

群体性事件主体一般为农民工群体、失地农民群体、失业人员群体、收入低下群体、城市改造房屋拆迁群体等。这些群体由于身份、地位、利益等方面的原因，通常属于弱势群体，特别容易滋生不满和怨愤情绪。群体性事件初发时的场面比较情绪化，甚至比较激烈。群体性事件一般在敏感期爆发，有组织，有规划，有目标，是社会矛盾激化的节点，又是化解怨气的机遇。此时此刻稳住局势，正好可以创造新的转折点，由此化劣势为优势。从管理层面看，是诉求渠道不畅或者政府相关部门不作为，造成“一拖二扛三爆发”；从当事人看，咬定“不闹不解决，小闹小解决，大闹大解决”的想法，故意采取激化矛盾、诉诸冲突的方式，目的在于引起轰动效应求得解决，回应不当不妥，事件将恶化。

还有一种情况，有的当事人为了达到自己的目的，往往从自己的角度夸大事实，或者故意混淆是非，把小事夸张为大事，把民事纠纷夸大为刑事纠纷，企图通过“绑架式”手段胁迫当地政府帮其解决问题。群体性事件影响面大，负面效应明显。

调解员，特别是领导要敢于担当，决策有方，策略有效，从管理层面化害为利。发生群体事件时，领导者要勇于站到一线了解情况，把脉局势，调动各方力量遏制事态，给群众实实在在的承诺，如要解决哪些问题，解决这些问题的时间表，或者建议走什么渠道，使群众心有着落，情绪得到平抚，人格尊严得到尊重。对于“绑架式”当事人，要先礼后兵，正确运用法律，消除其嚣张气焰，发挥震慑作用。谁也不愿意承担最坏结果，这是表面强硬的当事人背后真实的一面。稳住局势即首战告胜。

群体性事件的代言人，一般是一个或者几个。稳住局势之后，当务之急是邀请代言人坐下来，全面了解，为开展深入调解做好准备。同时，在组织部署调解力量迅速就位的同时，要特别注重法律，倚重政策，有步骤地解决实际问题，做到提纲挈领，纲举目张，而不是眉毛胡子一把抓。不仅沟通要讲策略，使用警力也要合法谨慎，保证发挥“灭火器”的作用，正面解决问题，使善良的当事人对处置结果有期待，使无理取闹的人明白自己的过错能明白。

○ 案例 67

先稳大局再看本质　不属民族歧视
有情支持公正处理　合同纷争停止

案情介绍

近期因某村停车场拉煤车辆剧增，造成原协议规定的每日 15 辆车进入场地装煤的计划难以完成，某年 9 月 26 日，马某聚集 50 余名少数民族将该停车场堵塞，并拉起“反对民族歧视，誓死保卫民族尊严”的横幅。50 余人大多为当地人，其理由是停车场违反协议，不让其车辆进入停车场装煤，认为一定是出于民族歧视。经查，马某的物流信息部的确与停车场签有协议，停车场每日让其 15 辆车拉煤，但该停车场并未能保障 15 辆车都进入。马某现在要求增加为每日 30 辆，并要求该村为其修一条专线。停车场负责人认为这个要求不合理，无法满足，而且无法拉上煤是因为近期拉煤车辆过多，客观上太拥挤，并不是因为人为阻拦。双方不能达成一致，现处于僵持状态。协商不成，极可能引发群体性事件。

案情分析

因运煤车辆增多，煤供不应求，引起纠纷，属经济合同纠纷，不存在民族歧视，因此，应按照相关法律来处理。如果把民族问题牵扯进去，必定给调解纠纷带来不便，因此必须从乱象中抽出身来，才能抓住主要矛盾。

调解切入

一方面由村干部进村入户宣传，稳定村民的情绪，避免少数民族同胞与当地村民正面接触，防止矛盾扩大；另一方面由工作组与马某促膝谈心，征求意见和建议，并深入矿区、停车场进行实地查看。最后达成共识：

（1）这次“堵路”问题是经济纠纷，不属于民族歧视问题。（2）县政府责成煤运公司、乡政府于近期尽快兑现合同，并将剩余未拉走的 2600 余吨煤从某年 5 月 8 日开始拉运。（3）建议县宗教局帮助少数民族同胞成立合法有效、有资质的煤炭运输公司，尽快完善手续，并纳入乡政府即将成立的民营运输公司。（4）由乡政府牵头，县煤运公司等共同协商，尽快组建隶属县煤运公司的子公司，制定并完善各项规章制度，实现公平竞争、合法经营。（5）该乡成立民营公司之前，该村继续经营停车场，公司成立之后，由民营公司接管停车场，杜绝堵车现象和不法“送车”行为，确保运销秩序。

调解攻略

一是快速准确给这起矛盾纠纷定性。准确确定这起纠纷的性质为经济合同纠纷，就抓住了解决矛盾的关键，把方向扭回到经济纠纷上，就好处理多了。二是实地查看，了解真实情况，为迅速解决纠纷奠定基础。三是依照相关的法律法规办事，按照市场经济规律办事，实现公正。

综合评点

调处矛盾纠纷必须弄清楚是什么（给矛盾纠纷定性）、为什么（找准纠纷的原因）、怎么办（解决纠纷的具体办法、措施）。不论是大矛盾还是小矛盾，调解员都必须练就辨是非、破谜团、抓关键的本领，才能透过现象看本质，做到快刀斩乱麻。

○ 案例 68

停尸大闹乡政府　无知滋事没理在先
有理还得分是非　应得赔偿依法核算

案情介绍

某司法局接到乡政府的申请，调解一起人身损害赔偿案。原来，某村因修建办公室，将地基回填工作以 1000 元价格承包给本村蒋某，后蒋某叫上毕某等四人共同做地基回填的工作。某年 5 月 2 日，毕某在工作中因疏忽大意从土堆上栽下，导致颈椎受伤，被送往县医院医治，随后毕某又被转院至一省级医院住院治疗，并做了颈椎手术。手术后其家属为向乡政府索要赔偿，不顾医生劝阻，将毕某搬回家，因旅途奔波导致毕某伤口感染，毕某家属又将毕某转回省级医院。经检查毕某已肺部感染，终因感染严重，医治无效死亡。死者家属多人多次到乡政府闹事，异常焦躁，甚至将毕某的棺材放在乡政府门口，死者父亲还要在乡政府的门前上吊。该事件在当地造成很大的负面影响，乡政府多次协商无果。

案情分析

毕某受伤是令人痛心的，但毕某的死亡却是个悲剧。毕某家属的所作所为就是导致这场悲剧的闹剧，而且这场闹剧极有可能导致恶性群体性事件。应该说如果不是为了一点经济赔偿，毕某不可能因颈椎伤而丧命。换句话讲，为了一点经济赔偿，毕某家属竟可以不顾亲人死活，可惜可恨。现在人已死亡，其家属有过激行为，也顺理成章。毕某家属在处理这件事情上有明显过错，调处工作处处受阻。

调解切入

要解决这起过激、具有群体性质的矛盾纠纷，关键在于做好毕某家属的思想工作，改变其处事态度和处理方法。要达到这个目的，则必须找到一个合适的切入口，让死者家属的情绪得到宣泄，使之建立对调解的信任。

调解攻略

调解此次矛盾纠纷，要界限分明，那就是家里有了不幸确实令人同情，但同情不等于违法有理，还必须一起分析原因，使当事人缓和下来，扭转乱局。调解员先与死者家属沟通，细细倾听，使当事人对调解员建立信任感，然后摆事实，讲道理，讲法律。死者家属情绪开始好转，认识到他们的做法于己于法都不利。在毕某家属情绪基本稳定以后，调解员说："家里出了这样的事，任谁都异常悲愤，但这件事双方都有责任，家属要求赔偿是合情合理的，但不能做出停尸这种行为来表达对乡政府的不满，这一做法严重影响了乡政府工作秩序，也不利于事故赔偿的及时、合理解决，同时也是法律所不允许的。"死者家属慢慢地有了接受调解的意向。

次日会同死者家属和村委调解。根据《民法通则》，计算了赔偿金额，从法、理、情的角度引导死者家属和村委互谅互让，达成协议：村委一次性给付死者家属 118000 元（先行垫付的医疗费除外）。人身损害赔偿纠纷画上了句号。

综合评点

一宗矛盾纠纷能不能和解，当事人愿不愿意和解，当事人的态度虽然重要，调解员的态度和方法更重要。这是对调解工作者能力的考验。本案调解员积极调查取证，注重坚持依法调解、据理调解、用情调解，给当事人一个判断是非曲直的标准，使之认识到自己行为的严重性，提醒当事人不要把本使人同情的优势变为违法的劣势，合情还要合理更要合法，才是解决问题的最佳选项。当事人最终心悦诚服地接受了调解。

攻略 35　釜底抽薪——一招止纠纷

上访闹事原因是多方面的，比如行政部门对待上访群众态度蛮横，相互推诿，敷衍了事；承办人素质不高，办案中留有后遗症，造成群众不满意；一些冤错案件颠倒是非曲直，伤害了群众感情。这些做法无疑在为党和政府帮倒忙，使矛盾纠纷越解决越多。但也不否定，有的群众想走捷径，为达到目的，不惜采取过激方式以期引起领导重视，信“闹”不信“理”；有的群众则认为走法定程序成本太高，难以实现目标，担心有关部门拖延或者故意不办事，信“上”不信“下”；有的矛盾纠纷当事人甚至心思不纯，借闹事求取不正当利益。

不够理性的诉求群体有 3 个基本特征：（1）重复上访达不到诉讼目的，对司法人员、调解人员产生偏见和抵触，拒不接受其观点和意见。（2）把重复上访和妨碍工作秩序当作武器，有胁迫言行，听不进任何解释，甚至捕捉司法人员、调解人员的只言片语，断章取义，大做文章。（3）不依法反映问题，不听劝阻，无理取闹，制造事端，阻断交通，借信访泄私愤等。

化解矛盾纠纷，釜底抽薪最好，要在人在事上做文章。

（1）说服当事人中有影响力的人。任何一个群体都有自己的代言人。代理律师可以作为当事人和司法部门共同认可的代言人，是法律和当事人之间的理性过渡，当事人更容易接受；其亲属中文化程度较高的人员，则往往可以作为理性和情感结合体，更容易做通思想工作，事半功倍。（2）抓住矛盾纠纷的关键。群体性矛盾纠纷，背后往往纠缠着各种层面的利益冲突，盘根错节，利益人甚至刀枪相见，没有调和余地，其实这些矛盾纠纷只发源于有限的问题，只是乱象没有被理顺，恰如锅里油滚，是锅底那一把柴火在起作用。（3）要拿掉锅底柴。矛盾纠纷波谲云诡时，免不了有人添油加醋，有的甚至充当“掮客”，从中牟利。看准了，要依法予以制止和打击，手软不得。

○ 案例 69

上访有恶意　就想多弄一点钱
解决有招数　会审会办一次清

案情介绍

某年 2 月，闫某驾车去某村煤场拉煤，因疏忽大意，还没出煤场车辆即发生右侧倾斜，车上的煤倾倒而下，致使站在车旁的村民李某死亡。县法院于 5 月 15 日做出判决：闫某因过失致人死亡被判处有期徒刑一年，附带民事经济赔偿 10 万元。但闫某家境异常困难，除一辆旧车，家徒四壁，因此只能将这辆旧车经法院变卖了 1300 元，其余金额无法执行。事故发生后，死者家属胡某因得不到满意的赔偿，家庭陷入困境，多次到县里上访。

案情分析

胡某的主要意图是借上访施压多得一些赔偿。李某是家里唯一的劳动力，胡某残疾，行动不便，两个女儿年纪还小，老母亲瘫在床上多年。现在家里顶梁柱没了，家庭眼看维持不下去了。胡某在娘家人鼓动下，坚持上访，要闫某给予赔偿。而闫无赔偿能力，并且在服刑。因此，只有运用救济、帮扶等手段，帮助其解决实际困难，才能息诉罢访。

调解切入

县委政法委成立专门调解组，组织公安、法院、民政、工商等有关部门在乡政府专题协商该案，认为解决纠纷案的核心是做好胡某娘家人的思想工作，让其认识到支持亲人要走正确路径，这样闹下去肯定不行。做通了娘家人思想工作，可以起到“釜底抽薪”的效果，进而开展实质调解。

调解攻略

一是“釜底抽薪”法。其娘家人一是在感情上觉得胡某受了委屈，二是支持胡某走上访这一途径为后半生生活和抚养子女弄回一笔钱。他们听说好多人通过上访能达到这个目的，就从物质上和精神上大力支持胡某。掌握了一些关键证据后，调解员严肃地告诉他们，帮助亲人是合情合理的，但上访有规定。胡某多次到县委、县政府大闹，影响国家机关正常工作秩序，如不是念在胡某是残疾人，真要追究起责任来，不仅胡某要受到惩处，娘家的教唆者也要负连带责任。他们懂得这个道理后自觉收敛。

二是找胡某本家中有威望的老人做工作，劝说其虽然家庭陷入困难，但人活着还得讲道理，才能真正赢得人们的同情。不要把有理的事做成无理的事，把能依法维护的事做成违法的事。胡某有所醒悟。

三是实施人道主义援助。胡某虽然做法上有些过激，甚至有些违法行为，但也确实是被逼出来的。闫某人已入狱，家里一无所有。一个残疾女人要抚养两个女儿，的确艰难。因此，调解组决定启动司法援助，一次性补偿胡某 25 万元。在胡某娘家人、本家有威望的人在场情况下，胡某和调解组合法签订调解协议，产生法律效力。

综合评点

老百姓上访肯定都有委屈，但实际生活中，也有很多委屈虽有根源却无法根除。比如，闫某就是个穷人，你叫他赔不是说空话吗？可是问题不解决呢，胡某一家连生计都维持不下去了，她不闹又怎么办？家是国的细胞。家出了难以跨越的大灾大难，国就不能不管，只是在管时又不能纵容，还要正面引导，唯有如此这类矛盾纠纷才能妥当处理。

○ 案例 70

只收钱不供暖　供热物业闹纠纷
化矛盾抓要害　三方妥协都满意

案情介绍

连续数年，某社区近百户居民因供暖问题闹访，到社区闹，到街道办闹，到区政府闹，都解决不了。这个社区成了出名的烂社区。有条件的搬出去另租房，更多没条件的不敢到外面租房，因为这边的房子租不出去，日子过不下去。事情经过是：该社区居民年年按规定交全额暖气费，但不是供暖太晚，就是供热不够。大冬天住宅里的水管也发生冻裂，做饭冲厕所都成问题。在这种状况下居民们联合起来，有的甚至手持铁器到街道调委会力争，去砸了物业的门，然后又到了房产供热部。供热部办公室工作人员辩解说管事的主任不在，他做不了主。一名老太太怒斥：“讹钱的时候都在，钱到手了都不在，要冻死我们吗？”一个小伙子上去几个耳光，两个年轻人扭打起来。现场一时失控，一场群体性事件正在升级。接到社区上报以后，街道社区调委会会同派出所民警赶赴现场，控制住了事态。

案情分析

调研发现，社区居民虽然做事有些过头，但其所作所为并非毫无原因，而是“停供暖”事件导致的结果，是不得已而为之。他们成了没妈的孩子，合法权益得不到保护。居民按规定交全额暖气费，理应按时得到服务。可是物业公司因为利益分配问题意气用事，房产供热部任性中断供热，针尖不让麦芒，最终却伤及居民。

调解切入

物业公司和房产供热部，从职责上讲共同服务于社区居民，吃的就是社区居民的饭。人常说，“吃谁的饭，给谁干”，他们理应服务好社区居民。现在还真是“吃谁的饭，跟谁干起来了”！长期以来两个部门为一己之利相互抗拒，并以牺牲居民利益为筹码的行为不能再继续了，这是切入点。

调解攻略

一是安抚社区居民，护好百姓利益。表面上看几年来社区居民因为一点“供热小事”闹来闹去，得了恶名。但是，大冬天没有暖气，事儿还要多大？物业公司收费为居民供暖，天经地义。街道办给了居民一颗定心丸。

二是抓关键环节，解决当前问题。已经清楚了，表面是居民闹事，深层次原因是物业公司和供热部有利害冲突。派出所发挥自身威力，把物业公司和供热部双方负责人召集在一起，批评物业公司为保护部门利益而隐瞒细节，供热部门又毫不不让，导致矛盾纠纷多年得不到解决，影响居民生活，斥责他们忘记自己的衣食父母，是对自己、对对方、对居民都不负责，是自绝生路。在街道调委会和派出所共同努力下，物业公司和供热部达成立即恢复供暖的一致意见，百姓燃眉之急得以解决。

三是瞄准纠纷根源，乘势断绝祸端。社区调委会和派出所把化解两个部门的矛盾作为主要工作，召集有相关专家参加的物业、供热两部门会议，对矛盾纠纷做一了断，久而不决的难题由此解决。

专家评点

这起调解说明了两个问题。一个是“民调进所”、警调合力，是解决矛盾纠纷，特别是群体性矛盾纠纷的好手段。“两个臭皮匠，顶个诸葛亮”，还是人多智慧多，各自发挥优势又密切配合，比单枪匹马容易多了。另一个是在调解中要透过现象看本质，水流纵横，河底一定乱石交叠。表面闹事的平民百姓，可能就是吃亏的人。处理事情而不是处理闹事的人，总是聪明之举，可谓火灭烟绝。如果不问原因而指责居民，必定激化矛盾；让物业和供热两部门沟通好了，居民与物业、物业与供热之间的矛盾纠纷就随之化解。

攻略 36　罢鼓息声——布好收官局

罢鼓息声就是对已经化解的矛盾纠纷做好收尾工作，做好善后，以防当事人因为某种想法或者变故，推翻调解成果，走上反复上访之路。

每一个矛盾纠纷在当地当时，只有也只能有一个最接近合理的调解结果。它是调解员依法依理依情综合调解的结晶，也是与当事人双方一起努力的成果。一般矛盾纠纷当事人都想赶紧从令人心烦的矛盾纠纷里摆脱出来，不愿意花更多时间和精力深陷其中，影响正常工作和生活，所以，调解一完成，结果一出炉，都乐意执行，不再纠缠。但是，有的矛盾纠纷由于本身的复杂性和不确定性，可能产生多种调解结果。而离开具体的调解环境，经过一段时间的过滤，即便已经调解完毕，当事人也可能反悔；有的矛盾纠纷由于纠缠时间过久而丢掉一些证据，虽然已经有了调解结果，矛盾纠纷宣告化解，当事人心里却还在证据使用上纠缠，有推翻调解结果的想法；有的当事人在调解中为了达到目的，而选择性地回避和隐匿某些证据，使矛盾纠纷调处结果有一定隐患，造成调解完毕后对方当事人心理不平衡；有的当事人随着时间推移，改变原有的认识，可能不服从既成调解结果，想要重新调解；等等。

化解矛盾纠纷是一个纷杂而繁复的工作，从情感沟通，到讲清法律法规，到妥善处置，细致而烦琐。时过境迁，旧事重提，不仅可能使矛盾纠纷复杂化，引起新的矛盾，滋生新的纠纷，也可能对调解员的威信和调解成果的权威性造成伤害，甚至损害法律尊严，影响政府形象。

因此，与当事人共同努力而合理合法达成调解后，务必通过相关手续，形成调解协议书，或者到相关公证处对调处结果进行公证，并帮助当事人迅速落实调解协议议定的赔偿或补偿数额，固定调解成果。不犹豫，不拖延，克服歇一歇的想法，充分利用当事人事完愿了的心理，罢鼓息声，不错过最佳了结时机。

○ 案例 71

经营不景气　也得有合理赔偿
依法讲道理　调处还须再公证

案情介绍

某机制黏土砖厂属村办企业。某年 5 月 6 日，该厂职工魏某根据厂领导的安排，对库房内存放的雷管进行处置，但由于操作不当，引发爆炸，造成人身伤害。后经市第一人民医院治疗，于次年 6 月 7 日出院。诊断为：双目失明，双耳听力受损，下肢行动不便。住院期间，该厂支付了魏某治疗费、陪侍费、营养费、交通费等相关费用 21.8 万余元。出院后，魏某要求赔偿伤残补助金、伤残津贴、护理费、后期治疗费等共计 100 万元。

案情分析

该案属工伤事故，应按照工伤及劳动争议处理程序处理。但双方均不愿进行工伤鉴定，想通过调解机构调处。镇大调解办对案情做了认真分析：（1）该厂未给职工交五险一金；（2）该厂经营能力较差，产品质量和营销水平都欠佳，企业长远发展困难；（3）该厂生产机制黏土砖，属国家限制产能企业，近几年有可能关停；（4）魏某不愿与村集体发生较大矛盾，由于自身伤残，今后要多靠村集体；（5）魏某提出自愿解除劳动合同，要求给予一次性赔偿。最后认为可以调处。

调解切入

兵法讲攻心为上，调解也讲攻心。在对双方心理摸得比较透彻的情况下，调解员开始调解。第一，对当事人魏某及其代理人其妻贾某讲解相关法律（劳动法、工伤保险条例、伤残鉴定标准等），让其有一个正确的心态，不要有过高的期望，要依法争取合法权益，避免过激言行。第二，与该厂领导和村两委成员沟通，对国家相关的法律和规定做详细介绍，建议就此事召开村民代表大会，通报相关事宜。第三，根据国家相关的法律、法规，对赔偿金额进行计算。第四，就双方当事人权益进行当面告知。经过二十余天多次协商后，双方达成调解协议，魏某得到20万元赔偿金，并于某年7月8日到县公证处对协议进行了公证。

调解攻略

一是组织当事人学习相关法律（劳动法、工伤保险条例、伤残鉴定标准等），让双方感到调解是有法可依的，使魏某之妻贾某回归理性解决问题的路子；二是界定双方权益范围，并根据规定来计算赔偿金额，使双方都能够找到平衡点；三是争取公证处公证，既确保了赔偿到位，又避免了反悔。

综合评点

因工伤引起的赔偿问题，是化解矛盾纠纷中的重点工作之一。此类纠纷多数涉及数额较大，处理不当或不及时会造成一个或几个家庭陷入困难，由此引发连环矛盾。这就是困难就是考验。本案在及时公正调解之后随之公证，确保了协议的合法性，为彻底了结矛盾纠纷上了一把“安全锁”。

○ 案例72

该缓则缓　取足证据再调和
该紧当紧　制好协议快定音

案情介绍

某年10月5日上午，村民金某受村委委托驾驶村委的拖拉机去村南犁地，当行驶至一处陡坡时，因该车拖档，造成车辆后退刹车失灵，导致翻车，金某被压。村支书将其送到县医院，同天又转至市医院，经诊断为膀胱破裂、骨盆骨折、右耻骨上下支骨折。因其伤情严重，120天后才出院，至今仍依靠双拐才能行走。住院期间，村委为其垫付医疗费9万元。金某认为自己是给村里犁地发生事故，属工伤，如今自己残疾了，村委会应该赔偿，并要求村委按工伤赔偿332000元。但村委认为金某本身有心脏方面的疾病，他住院治伤期间未告知村委而擅自请医院做了心脏方面的手术，并把这部分费用也算在赔偿费用里，这对村委不公平，双方相持不下。金某作为个人与村委发生矛盾纠纷，觉得自己不仅身弱势也弱，受到欺负，愤愤不平，反复上访，多次协商，村委不舒服，金某不满意。

案情分析

本案双方争议的焦点，一是应该按工伤赔偿还是按人身损害赔偿，二是金某在住院期间究竟有没有做心脏方面的手术。这些问题能不能搞清楚？哪些问题应该搞清楚？不搞清问题，调处工作就无处下手。

调解切入

金某为村委犁地，车翻人残是既成事实。考虑到金某和村委会没有签订劳动合同，按工伤赔偿对金某不利，所以调解员决定以人身损害赔偿为切入口调解此案。

调解攻略

一是工作热情感动人。因金某病情尚不稳定，调解员并没有急于调解，而是考虑到其实际困难，主动联系民政部门为其办理低保，去县残联为其办理残疾证。

二是深入调查摸情况。村干部已换，新一任村干部是否认账呢？调解员深入村里询问现任和原任村干部，经调查案情和金某所述一致。又深入医院将金某病历及费用进行仔细核对，并将核对结果通报村委，打消了村干部的疑虑。

三是发动人员重说服。在赔偿金额上，调解员发动金某的亲朋好友做思想工作，金某被调解员细致入微的工作感动，愿意按照有关法律规定计算赔偿金额。

四是依法公道来调解。调解员按医疗费、误工费、住院期间生活补助费、伤残赔偿金、交通费、后续治疗费等有关规定计算赔偿金额为 209359.26 元（含村委已经支付的 9 万元），金某提出的给医生红包 4000 元于法无据，不能计算到赔偿金额中。

五是心悦诚服签协议。调解员列席村两委会议，说服村干部同意他的调解意见，并马上签订协议书。

综合评点

这次调解有四大特点值得肯定：第一，帮其办理低保和残疾证，从行动上感化当事人。第二，调解员不急于进入调解，而是积极深入村里调查取证，赢得发言的权威性。第三，借助金某的亲朋好友做金某思想工作，令其同意取消过高和重复计算的赔偿金额，为之后的调解奠定基础。第四，调解员主动列席村两委会定调，说服村干部尽快一次性赔偿。在做通双方的工作后，又马上召集当事人签协议书，使调解结果得以固定。事隔不久回访当事人，双方都表示满意。

后 记

矛盾纠纷再大也不过是一地鸡毛。再小，也纠缠着老百姓，还影响社会稳定，可见鸡毛小事真不小。虽说鸡毛小事不小，想要借鉴《孙子兵法》和《三十六计》写出攻略来，也太夸张了吧？我都不敢相信。

然而，任何事总有规律可循。矛盾纠纷，换个角度看，无非两个方面。一个受调解方，心态怎么样？一个调解方，如何应对，才能叫人心悦诚服？当事人心态搞清楚了，还有化解不了的吗？至少理论上如此。

资料何来？探寻无字之书。

写书需要浩瀚的资料才厚重，这本书却没有，而是要翻阅无字书。真正的资料在优秀调解员心里。与调解员和受调解者零距离接触，才能发掘最鲜活最真实的中国调解智慧，提炼出来的调解攻略才实在，写出来心里才会踏实，也才能经得起反诘和时间的检验。没有信心的时候，我就把这事放在脑后，然后把自己当作陌生人来阅读，无情斧正，写到简单好懂、上下通气才收笔。这些常不敢为外人道，儿颗酸葡萄，只有自己清楚。

初稿底气何在？专家增添信心。

初稿审阅召集专家讨论会，省委政法委主要领导的鼎力支持。老综治专家齐玉生强调关于调解艺术的书不多，形成系统的实用攻略的他没见过，劝我既然写就写好，不能急。政治与公共管理学博导董江爱教授说，从内容到语言要接地气儿。这样的书，每个老百姓家里摆上一本才好，看多了想通了，麻烦就少了。陈晋胜教授有一个新发现，从这本书看到机关工作的另一种风格，即深度的务实。我知道，这些都是溢美之词，但却从中得到鼓舞和安慰，升华为精神动力。另外还有著名乡贤吕高印老先生在民俗方面也给予了精心点拨。开弓没有回头箭，我感觉自己不努力就像犯了罪似的。

政法清华？法学家指点迷津。

这中间碰到一个梦里也想不到的缘分，促进写作飞跃，就是结识著名法学家、清华大学法学院张建伟教授。他在中国政法大学授课时，讲到他在山西运城中院实习的经历，我就在听课，他还说了几句运城土话。他谦和风趣的风格和敏锐新颖的观点吸引了每一位学员。我借着“老乡”的缘分和“师生”关系，向他征求对本书的看法，不想得到了热情支持。他说恰逢其时，并鼓励我不要停笔，还就一些案例中的法律法规适用、心理攻略和语言文字，多次微信和电话沟通，并专门抽出宝贵时间约我在清华大学法学院面对面研讨，到了字斟句酌的地步。中国政法大学与清华皆居学术殿堂顶端，不敢仰望，却沾缘带分。导师博学、厚德而又有担当，成为影响我人生的镜鉴。

价值几多？出版心才更怯。

有幸受中央政法委员会领导推荐，部分内容在《长安》杂志及其新媒体上全国连推，同时还刊登了我的一篇关于思考调解机制的文章——《构建新时代调解平衡新机制》，评价甚高。《长安》杂志站在调解工作前沿，评价我“对调解艺术有深入研究”。对这个定位我诚惶诚恐。读者肯定“观念创新，方法奇特，在现实生活中行之有效”，“使法律法规接地气，让社会治理暖人心”。张教授则认为，心理攻略“可以形成优势调解力，打造社会治理的软实力”，它“根植于生活土壤，其抛砖引玉之功不可埋没”。每一句话都如雷贯耳。我要对得起这样的评价，经常有如履薄冰之感，深感要一如既往以勤补拙才是。

《法治日报》之《法制文萃报》总编助理杨义理从构思到杀青在法律专业方面给予巨大援助。回望来路，我清楚，这是权威学者、大学教授、基层调解员，特别是当事人数年合作的智慧结晶。对各位同仁挚友感激之情，无以表达，唯有在心底道一声谢谢了。

最后，尽管用心雕琢，毕竟学识有限，瑕疵甚多，敬请各位指教。

是为后记。

常晋虎

2018 年 3 月 3 日于太原